Coleção "Jogos e Diversões" – 10

VOLUMES PUBLICADOS:

1. Xadrez - Partidas Selecionadas .... V. V. Smyslov
2. Completo Manual de Jogos de Cartas .... E. Culbertson
3. Divertimentos Matemáticos .... Martin Gardner
4. Primeiro Livro de Xadrez .... Fred Reinfeld
5. Manual Completo de Aberturas de Xadrez .... Fred Reinfeld
6. Ataque e Contra-Ataque no Xadrez .... Fred Reinfeld
7. História do Xadrez .... Edward Lasker
8. Moderno Dicionário de Xadrez .... Byrne J. Hortan
9. Maiorias Qualitativas nas Defesas Índias .... Henrique Marinho

CONSCIÊNCIA ESTRATÉGICA

S139m SAID, Munir Calixto.
Consciência estratégica: teorias e aplicações no jogo de xadrez / Munir Calixto Said.
São Paulo: IBRASA, 2005
112 p. (Bilioteca de Jogos e diversões; 10).

Bibliografia e Glossário
ISBN 85-348-0251-3

1. Xadrez. 2. Jogo.
I. Título. II. Série

CDU 794.1

Índice para catálogo sistemático:

1. Xadrez: 794.1
2. Jogo: 794
3. Teoria do Jogo: 519.83

Maria José Oliveira
Bibliotecária CRB 5641/8

CONSCIÊNCIA ESTRATÉGICA

TEORIAS E APLICAÇÕES NO JOGO DE XADREZ

Prof. Munir Calixto Said

IBRASA - Instituição Brasileira de Difusão Cultural Ltda.
São Paulo - SP

Direitos desta edição reservados à

IBRASA
Instituição Brasileira de Difusão Cultural Ltda.

Rua 13 de Maio, 446
Tel./Fax.: (011) 3284-8382
e-mail: ibrasa@ibrasa.com.br
home page: www.ibrasa.com.br

Capa:
Antonio Carlos Ventura

Editoração Eletrônica:
Ediarte Comunicação

Revisão:
Edna G. Luna

Revisor Técnico:
Adriano Valle de Souza

Produção Editorial:
Tania Jorge

Publicado em 2005

IMPRESSO NO BRASIL - PRINTED IN BRAZIL

ÍNDICE

Agradecimentos

À Deus

Aos meus pais pela educação e liberdade de expressão

À Adriano Valle de Souza pelo dedicado trabalho de revisão técnica

Ao meu amigo Elvis Bolívar que acreditou e me encorajou na produção desta obra desde o início.

INTRODUÇÃO

A partida de xadrez é regida pela ação e reação aos lances que vão acontecendo, mudando, muitas vezes, os planos anteriormente arquitetados e as considerações a serem levadas em conta dentro do tabuleiro.

Diante desta dinâmica devemos reconhecer os principais tópicos ***estratégicos*** como também identificar sua real utilidade na partida, ou seja, como este ou aquele tema irá me fornecer uma vantagem sobre meu adversário.

Este livro mostra, por meio de partidas de Grandes Mestres, exemplos esquemáticos e comentários objetivos, alguns ***fatores estratégicos*** que acho de grande relevância dentro das partidas. Visto que, tais fatores são apresentados nos subtítulos abrangentes que os explicam dentro de todo o processo de condução da partida, desde a avaliação, o julgamento e logicamente a sua aplicação na dinâmica do xadrez. Vindo a servir tanto para o jogador iniciante conhecer melhor os caminhos da vitória como para o jogador experimentado estar revisando e aquecendo o planejamento no seu jogo.

Todos os temas são esclarecidos detalhadamente, mostrando seu devido papel no jogo, e com todas as "partidas - exemplo" acompanhadas de diagramas que auxiliarão a observação das partidas e suas variantes.

Com este estudo, o aficionado poderá reconhecer e absorver variadas formas estratégicas sem uma carga extensa, desestimulante e complexa de exemplos e variantes. E todo o conteúdo dos textos e exemplos podem ser recomendados para explanações nas aulas de xadrez. Ainda podendo propiciar ao jogador uma revisão de interessantes temas antes de um torneio, fazendo-a de maneira rápida e objetiva.

Este livro conta ainda com um glossário que contém alguns termos enxadrísticos citados durante as análises (palavras que estão em negrito).

Procure estudar neste livro buscando sempre uma relação entre um exemplo e outro, como, algumas vezes, é recomendado no próprio texto. Formando, assim, um conhecimento estratégico crítico que vá além dos exemplos ilustrativos.

Bom estudo!

CONSIDERAÇÕES INICIAIS

Intersecção Estratégica

Devemos nos atentar para a importância de uma maior união entre os diferentes temas estratégicos existentes em uma mesma partida em que, muitas vezes, na continuidade do plano, estão ligados entre si, podendo ser complementares ou até mesmo virem a ser incompatíveis um ao outro dentro do plano. E para lembrar este conceito de maior interação de todos os tópicos estratégicos que resolvi não dividir o livro em capítulos os quais segmentam a idéia da união dos temas em estudo.

O que fiz, na verdade, comandado pela necessidade didática, foi uma divisão entre alguns subtítulos bem amplos, os quais são antecedidos e sucedidos por reticências, justamente para lembrar que a estratégia é uma interação dos seus diversos temas que vão aparecendo de ambos os lados do tabuleiro e poucas vezes ou quase nenhuma o plano estará envolto de um só aspecto para ser levado em conta.

Portanto, para que o leitor obtenha um ganho maior deste estudo estratégico deverá julgar e absorver de maneira igual os exemplos apresentados, procurando sempre identificar o máximo de temas atuantes na partida, sendo isto de vital importância para adotar-se o melhor plano na partida de xadrez.

Então, podemos concluir que conceitos isolados de estratégia são meros conhecimentos teóricos sem grande efeito prático, e para o verdadeiro plano vencedor deve-se tentar equilibrar e fazer a devida intersecção do maior número de temas estratégicos existentes pró ou mesmo contra o nosso jogo. Temos, por exemplo, o tema **coluna aberta** que sozinho como qualquer outro é algo abstrato, mas que ligado à possibilidade de atuação de uma torre nesta coluna e, posteriormente, colocada esta peça na sétima fileira em pleno campo adversário, traz uma idéia bem mais definida, justamente pela junção de três conceitos posicionais: coluna aberta, ganho de espaço e posicionamento das peças. Portanto, esta retirada de idéias estratégicas isoladas e abstratas se tratadas de forma concreta estruturam o plano. E quanto mais ligações coerentes destas idéias mais poderemos acertar na formulação de nosso próprio plano.

Desta forma, procurou-se fazer ligações de diferentes temas a uma só partida ou posição, em que relaciona-se pontos comuns entre um exemplo e outro, como foi citado na introdução.

Tática e Estratégia

Muitas vezes, além da confusão que há para diferenciar a *estratégia* da *tática*, existe uma discussão para apontar qual destes elementos tem uma carga maior dentro da partida de xadrez .

Em primeiro lugar devemos diferenciá-los por suas respectivas definições: *a estratégia* é um conjunto de fatores que serve de guia para o julgamento de uma posição, isto é, o planejamento. E constitui-se de determinada seqüência de lances ao direcionamento de um plano, o qual terá seu resultado a longo prazo. Já ***uma ação tática*** é composta de ações (sacrifícios de peças, ameaças, trocas, seqüências forçadas etc.) que buscam impor o plano traçado e concretizar vantagens posicionais em vitórias definitivas, e o seu resultado surge de maneira mais imediata.

E, agora, tentando acabar um pouco com a discussão de quem é de fato fundamental na partida façamos, ao meio deste estudo estratégico, um destaque reservado para a tática na qual primeiramente a relação de importância é incorreta uma vez que a estratégia e a tática possuem temas e modos de atuações diferentes, porém com responsabilidades bem equivalentes. Visto que a estratégia trabalha para a formulação do plano e a tática justifica a estratégia utilizada e não é como uma concorrente a um posto de maior ou menor importância dentro da partida.

Em resumo toda a atitude estratégica bem conduzida terá, a longo prazo, como justificativa um arremate tático. Portanto, estratégia e tática são dois elementos que atuam em conjunto uma vez que a própria tática algumas vezes ajuda na própria imposição estratégica e esta última prepara à sua maneira o tabuleiro para a atuação da tática. E em determinado momento, ousamos dizer que, na magia do xadrez e dentro desta inter-relação, estes dois conceitos se fundem...

ESCOLHA ESTRATÉGICA

Quando elegemos a ação estratégica a ser seguida em determinada posição da partida, geralmente, estamos cedendo também um tema para um plano de jogo do nosso adversário, podendo este tema conseqüente vir a surgir das mais variadas formas.

Estas afirmações, ajudam a ilustrar a característica de uma estratégia vencedora. Na verdade, uma estratégia escolhida, na maioria das vezes, cederá outros temas de proveitos estratégicos ao oponente. Portanto, a estratégia vencedora é aquela que consegue desfrutar de uma compensação maior que a proporcionada ao adversário durante o desenrolar da partida. Parece um conceito óbvio. De fato, porém fundamental para levarmos em conta no cálculo e análise da posição antes de escolhermos o plano a ser seguido.

Uma estratégia bem-sucedida, geralmente, é aquela que perdura com seus efeitos após todo o desenlace da posição e do **contrajogo** adversário.

A situação de ceder possibilidade de jogo para o oponente é real mesmo nas partidas mais posicionais. Um exemplo disso, seria que quando lutamos por uma casa importante no centro corremos o risco de: ceder diagonais, enfraquecer outras casas, transformar nosso bispo em **bispomau** etc. Ou, quando cegamente insistimos em um ataque, podemos estar economizando em lances de defesa, o que pode levar à derrota, principalmente quando se tratar de ataques precipitados em que o jogador se esquece do devido **desenvolvimento** das peças e é derrotado no contrajogo adversário. Um erro na escolha da ação estratégica.

Desde a abertura já devemos estar atentos nos primeiros moldes do plano a ser seguido. No caso da abertura uma maneira acertada de se conhecer o plano é estudála nos seus temas estratégicos, aprofundando em sua característica e de maneira não superficial (lance a lance, que muitas vezes ignora a presença de um plano).

Todos os três primeiros exemplos apresentados são análises em partidas do Grande Mestre russo Anatoli Karpov, não por uma simples coincidência, mas porque se trata de um dos maiores estrategistas das últimas décadas.

A partida a seguir mostra um belo trabalho estratégico de Karpov que o conduziu à vitória. Acompanhe.

Exemplo 1

Karpov x Kraminik - 1994

1- d4, d5 2- c4, c6 3- Cf3, Cf6 4- Cc3, e6 5- e3, Cbd7 6- Bd3, dxc4 7- Bxc4, b5 8- Bd3, a6 9- e4, ...

As pretas buscaram expansão na ala dama e as brancas valorizaram a manutenção territorial no centro. Observe que com o último lance, as brancas possuem agora a guarda das casas “e5” e “c5” e brigam pelas casas “d5” e “f5”.

9- ..., c5 10- d5, ...

A tentativa das pretas em quebrar a estrutura das brancas no centro dá a oportunidade de Karpov ousar por um jogo mais complexo, resultante da estrutura de peões provocada.

10- ..., c4 11- dxe6, fxe6 12- Bc2, Bb7 13- O-O, Dc7 14- Cg5, Cc5 15- e5 !?

Uma entrega de material com a visão estratégica de poder pressionar nesta coluna central e a possibilidade de ganho, de **tempo** no ataque (luta pela **iniciativa**).

15- ..., Dxe5 16- Te1, Dd6 17- Dxd6, Bxd6 18- Be3!

Um grande prognóstico estratégico. A retomada do peão (18- Cxe6, Cxe6 19- Txe6 +, Rd7) e a simplificação favoreceria as pretas por deixar o rei centralizado, ligando as torres na última fila e por contarem com o potencial de sua **maioria de peões** na ala da dama para o final do jogo.

18- ..., O-O 19- Tad1, ...

Observe como as brancas priorizam a estratégia ocupando as colunas "d" e "e".

19- ..., Be7 20- Bxc5, Bxc5 21- Cxe6

(diagrama 1)

Posição após 21- Cxe6

As brancas conseguem recuperar o peão sem ser necessário simplificar a posição e com o reinado de suas torres nas duas colunas abertas além do forte cavalo avançado.

É interessante ressaltar, porém, que em troca da manutenção desta posição citada, as brancas terão que lidar com o par de bispos das pretas. Valendo aí a idéia anteriormente comentada que nossa opção estratégica na partida, geralmente fornece uma opção paralela de jogo para o oponente, neste caso a alternativa negra é o potencial dos seus bispos sobre o tabuleiro.

A partida caminhou para o final e Karpov acabou vencendo.

No diagrama abaixo, as brancas aproveitam a oportunidade para eleger um plano simples e eficaz na posição: trocar peças de menor eficiência eliminando desvantagens posicionais. Acompanhe.

Exemplo 2

Karpov x Kasparov - 1985

(diagrama 2)

Jogam as brancas

1- Cg5, Cxg5 2- Bxg5, Bf6 3- Be3

As brancas mantêm seu dinâmico bispo recusando trocá-lo pelo **bispo mau** preto.

3- ..., Ce6 4- Bg4, pronto para se desfazer de uma peça mal posicionada por uma ativa das pretas.

4- ..., h5 5- Bxe6, Bxe6 6- Cd5 e as brancas estabelecem uma posição mais cômoda na partida.

A *escolha* das brancas de trocar o cavalo que estava na casa "f3" e o bispo de "e2" (peças com pouca mobilidade) é o resultado de um interessante plano que conseguiu trocar peças sem muita ação na posição, chegando com as peças restantes à uma boa presença no tabuleiro. Sobrando às pretas tentarem melhorar a atividade dos seus bispos na partida.

É oportuno mostrar duas variantes desta posição em que primeiramente 6- ..., Bxd5 7- cxd5 e as brancas seguem na partida com um bispo bem superior ao do seu oponente o qual atua diretamente na ala dama e restringe o jogo preto na ala rei, além deste lado já possuir o poder de ação na **coluna semi-aberta** "c". E agora se 6- ..., c6 7- Cxf6, Dxf6 8- Bg5! (se 8- Dxd6, Bxc4 trocando as damas e com maior **simplificação**) 8- ..., Df7 9- Dxd6, Bxc4 10- Dxe5+, Rg8 11- Tfd1 em que após 11- ..., Dxf2+ 12- Rh2 as brancas obtém forte iniciativa sobre a posição do rei preto, tendo idéias de Td7 e Bh6.

Repare que neste caso o fato de acontecer a permanência dos bispos cores opostas, muitas vezes considerado caminho de empate*, nesta variante, na verdade, vem amplificar a vantagem das brancas em seu ataque.

* No estudo de finais com a presença de peões e as peças leves restantes e somente um bispo para cada lado, que por sua vez de cores diferentes, muitas vezes se generaliza como empate devido à dificuldade da coroação de peões, mas na variante citada o acontecimento ocorreu em um meio jogo em que o bispo das brancas deslizaria tranqüilamente pelas casas pretas.

No exemplo abaixo veremos um dos lados tentando executar um plano de ruptura no centro do tabuleiro que, por seus lances, veio fornecer um tema estratégico ao adversário, o qual se tornou, no decorrer da partida, superior ao plano de ruptura primeiramente acionado. Resultando assim em uma derrota pela escolha estratégica errada.

Ressaltando mais uma vez a importância de se atentar no que estamos cedendo de possibilidades de planos ao adversário quando impomos nossa estratégia. Sendo uma diagonal importante, um posto avançado para o cavalo entre outros ... elementos estratégicos que podem definir uma partida e, muitas vezes tais elementos são cedidos, involuntariamente, quando impomos nosso plano.

Exemplo 3

Spáski x Karpov - 1979

1- d4, Cf6 2- c4, e6 3- Cf3, b6 4- Bf4, Bb7 5- e3, Be7 6- Cc3, dando a possibilidade às pretas de eliminar o par de bispos branco. Mais comum seria h3 e se Ch5 preto respondendo-se com Bh2, **Ch5 7- Bg3, d6**

8- Bd3, Cd7 9- O-O, g6, as pretas percebem a possibilidade de levar seu bispo da casa "e7" para a grande diagonal h8-a1, onde ficará mais atuante na posição .

10- h3, Cxg3 11- fxg3, O-O 12- Tc1, Bf6 13- Tc2, Bg7 14- Tcf2, De7 15- Rh2, a6

16- De2, Tae8 17- Bb1, c6 18- a3, f5 19- e4, c5

As brancas tentam romper no centro (sua escolha estratégica). As pretas em resposta pressionam o centro, realçando a mobilidade dos bispos nas diagonais.

(diagrama 3)

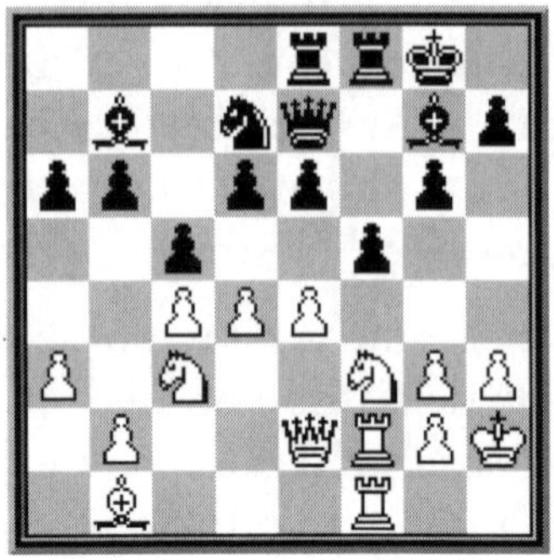

Posição após o lance 19- ..., c5

20- exf5, exf5 21- Dxe7, Txe7 22- dxc5, bxc5 23- Td1, Bxc3

O bom bispo do **fianqueto** é eliminado no dinamismo estratégico da partida, e Karpov tem agora como alvo os **peões débeis** das colunas "a" e "c" (sua escolha estratégica).

24- bxc3, Tf6 25- Tfd2, Te3 26- Cg1, Rf8!

Um lance visando um melhor posicionamento para o final da partida (a visão estratégica deve também ser uma visão a longo prazo). Tendo peças mais ativas para o final, as pretas preocupam-se em centralizar seu rei no tabuleiro não se perturbando em perder o peão da casa "d6".

27- Txd6, Txd6 28- Txd6, Re7 29- Td3, Te1 30- Ba2, Tc1 31- Cf3, Bxf3!

As pretas continuam com um peão a menos, mas esta última troca deixa as brancas com uma torre escravizada na defesa dos peões, um bispo mal na casa "a 2", além do seu rei estar muito deslocado para brigar no final da partida.

32- Txf3, Ce5 33- Te3, Rf6 34- Bb3, a5

(diagrama 4)

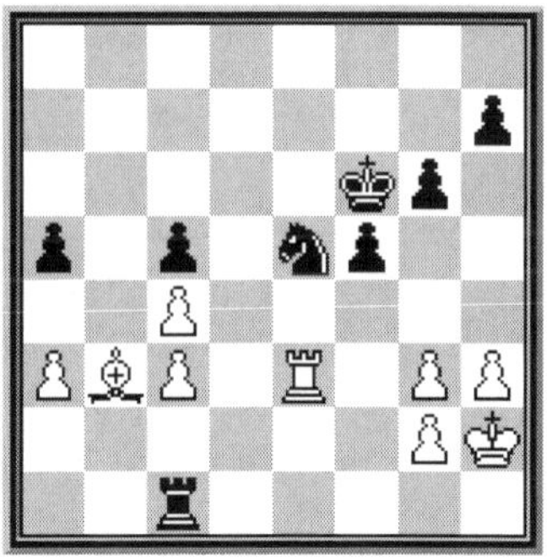

Posição após o lance 34- ..., a5

35- Ba4, ... as brancas ficam praticamente sem lances e acabam devolvendo o peão com juros (se 35- a4, ... as pretas responderiam com 35- ..., Tb1;

35- ..., Cxc4 36- Te8, Txc3 37- Tc8, Ce3 38- Bb5, c4 39- Rg1, Tc2 40- Bc6, c3 41- Bf3, g5 42- g4, f4

E as brancas abandonaram.

Às vezes, o plano pode nos parecer correto no momento, no entanto cabe ao jogador ter o cuidado com a execução pois pode haver a necessidade, por exemplo, de lances preparatórios (melhor agrupamento de peças ou lances de **profilaxia**) para o início da execução do plano propriamente dito. Podemos observar, neste último exemplo, como as pretas puderam sobressair-se estrategicamente desde a tentativa de ruptura das brancas no centro do tabuleiro, seguindo, dentro de todas as suas opções de trocas de peças e demais lances, posições para no final consolidar sua vitória.

O próximo exemplo mostra de forma bem clara uma escolha estratégica infeliz, em que a posição gerada fica totalmente inferior devido à falta de ação dos bispos das brancas, que tiveram suas diagonais interrompidas no desenrolar do próprio plano escolhido por este lado. Acompanhe.

Exemplo 4

Abramovic x V. Raicevic - 1991

1- Cf3, Cf6 2- c4, c6 3- g3, d5 4- b3, Bf5 5- Bg2, e6 6- O-O, Be7 7- Bb2, O-O 8- d3, h6 9- Cbd2, Bh7 10- d4?! Um lance para controle de casas no centro (a escolha) que, porém, compromete a ação do bispo no **fianqueto** na casa "b2".

10- ..., Ce4 11- Ce5, Cxd2 12- Dxd2, Cd7 13- Cxd7, Dd7 14- Tac1, b5 15- cxb5? (com 15- c5 se poderia pelo menos reter mais a ação do bispo preto na diagonal "a 3-f8").

15- ..., cxb5

E as pretas obtêm superioridade posicional devido à restrita posição dos bispos brancos (**bispos maus**) contra um par de bispos pretos com boas possibilidades de ações. Um fator estratégico decisivo nesta partida.

(diagrama 5)

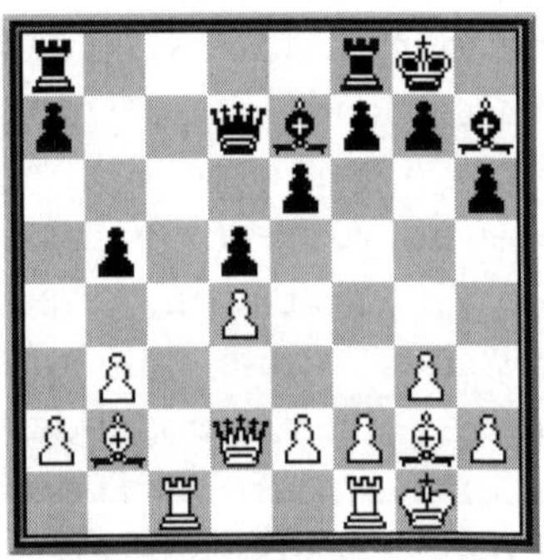

(Posição após 15- ..., cxb5)

Veja, agora, como as pretas tomaram proveito da posição, ampliaram sua vantagem e arremataram a partida.

16- Da5, Tfb8 17- Dc7, De8 18- Dc6, Dxc6 19- Txc6, Tc8 20- Tfc1, Txc6 21- Txc6, b4!, restringindo mais ainda o jogo branco.

22- Tc1, a5 23- Bf1, a4 24- bxa4, Txa4 25- Ta1, Ta8 26- e3, Tc8 e as pretas também se apoderam da coluna "c" e ampliam seu poder estratégico.

27- a4, Tc2! 28- a5, Bd8 29- a6, Bb6 30- a7, Bxa7 31- Txa7, g5! 32- Ba1, Tc1

Observe que a vantagem é de tal forma que as peças se tornam de relativa importância, e a manutenção da iniciativa e possibilidades futuras mais interessantes fazem as pretas não preocuparem na recuperação de material neste momento.

33- Rg2, g4 34- f4, gxf3 + 35- Rf2, Tc2 + 36- Rxf3, Be4 + 37- Rg4, Tf2 38- Bh3, Txh2 39- Bf1, Rg7 40- Bb5, Rf6 e as brancas abandonam.

O exemplo a seguir mostra como o acúmulo de erros posicionais de um mesmo jogador vão fornecendo, gratuitamente, todo o caminho estratégico a ser seguido pelo seu oponente. Isto pode ocorrer quase sempre quando seguimos cegamente um plano escolhido ou se simplesmente estamos jogando sem um plano definido.

Especificamente nesta partida a seguir, as brancas negligenciam sobre o domínio do centro do tabuleiro além de deixarem suas **casas** escuras **enfraquecidas.** Dois temas estratégicos suficientes para fornecer a vitória às pretas. Acompanhe.

Exemplo 5

Szabo x Fischer - 1960

1- d4, Cf6 2- c4, g6 3- Cc3, Bg7 4- e4, O-O 5- Bg5, d6 6- Dd2, c5 7- d5, e6 8- Bd3, cxd5 9- Cxd5, Be6 10- Ce2, Bxd5

A troca impede que o peão atrasado de "d6" fique em uma coluna aberta.

11- exd5, Cbd7 12- O-O, Ce5 13- f4?

Decretando o enfraquecimento das casas "e3" e "e4" (melhor seria 13- Cc3, ...).

13- ..., Cxd3 14- Dxd3, h6 15- Bh4, Te8 16- Tae1, Db6 17- Bxf6, Bxf6 18- f5, g5 e as casas escuras condicionam para o bispo um bom jogo contra um limitado cavalo.

(diagrama 6)

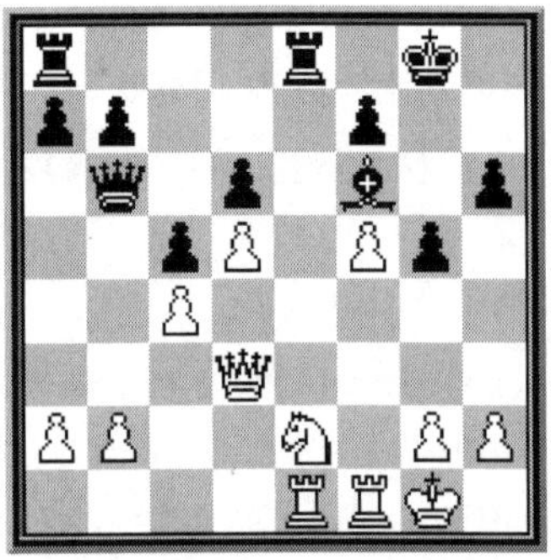

Posição após o lance 18- ..., g5

19- b3, Da5! 20- Tc1, Dxa2 21- Tc2, Te3! 22- Dxe3, Dxc2 23- Rh1, a5 24- h4, a4

As brancas abandonam. Os peões brancos foram capturados e Szabo ficou sem nenhum contrajogo. Observe o domínio das pretas sobre as casas "f4", "e5" e "d4" facilitando em muito o seu jogo e por sua vez dificultando o jogo de seu adversário, além de o bispo preto estar muito bom na grande diagonal. E afinal repare como a superioridade negra surgiu em muito devido às negligências posicionais das brancas, principalmente com relação ao domínio de casas.

... PLANO E SUBPLANOS ...

Quando começamos a executar os lances dentro do nosso plano a resposta adversária começa nos encaminhar para outras direções dentro da partida, em que a resposta do oponente contra nosso plano inicial, restringindo-o ou tentando armar um **contrajogo**, por exemplo, fará surgir outros aspectos posicionais favoráveis, o que forma os temas dos ***subplanos*** da posição.

Portanto, os subplanos são aproveitamentos estratégicos e/ou táticos extraídos do dinamismo da partida.

Exemplo 6

Smyslov x Lilienthal - 1941

1- e4, e6 2- d4, d5 3- Cc3, Bb4 4- e5, c5 5- a3, Bxc3+ 6- bxc3, Ce7 7- a4, Da5 8- Dd2, Cbc6 9- Cf3, c4 10-g3, O-O 11- Bg2, f6 12- exf6, Txf6 13- O-O, Bd7 14- Ba3, ...

As brancas possuem boa vantagem espacial na ala rei (ver Domínio Espacial), além disso o peão atrasado na casa "e6" constitui um alvo a ser aproveitado. Contudo observaremos que as brancas, conduzidas pelo ex-campeão mundial Vasily Smyslov, não se precipitaram em um ataque imediato a este alvo citado. Ao contrário, as brancas procurarão ampliar sua vantagem posicional, formulando aí, os subplanos em outras partes do tabuleiro. Acompanhe.

14-..., Te8 15- Ch4, Cc8 16- f4, C(6)e7 17- Tfb1

Como foi dito, antes do almejado ataque sobre a casa "e6" as brancas desejam atentar para outras regiões da partida, no caso definindo a situação na ala dama vindo a formar ameaças também nesta ala.

17- ..., Dc7 18- a5, Bc6 19- Cf3, Cg6 20- Ce5!

Interessante lance, pois se (20- ..., Cxe5 eliminado com o peão atrasado, porém após 21-fxe5, Tf7 e com 22- Tf1, Txf1 23- Txf1, Dxa5 tem-se 24- Bb4 seguido do ameaçador 25- Df4) trocas que na verdade potencializariam subplano para as brancas.

(diagrama 7)

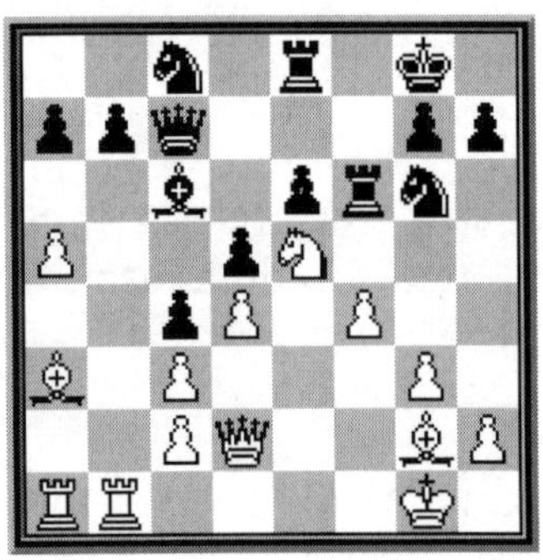

Posição após o lance 20- Ce5

20- ..., Cce7 21- Bc5, a6

Estando a posição estável na ala dama as brancas retomam a atenção para o centro e um possível ataque na ala rei.

22- Cg4, Tf7 23- Te1, Cf5 24- Te2, h6 25- Tae1, Dc8 26- Bf3, Rh7 27- Tf1, Dc7 28- De1, Cf8 29- Ce5, Tf6

O tema em questão é o peão atrasado na casa "e6" mas nada impede que as brancas usufruam os tempos conquistados em cima das ameaças sobre as **peças pesadas** pretas e também de sua maior mobilidade na posição devido ao seu maior espaço.

30- g4, Cd6 31- Dg3, Cf7 32- g5 ganhando a qualidade **32- ..., Cxe5** lance forçado devido à ameaça branca de g6+.

33- gxf6, Cxf3+ 34- Txf3, gxf6 35- f5 buscando a simplificação para facilitar o arremate. **35- ..., Dxg3+ 36- Txg3, e5**

(diagrama 8)

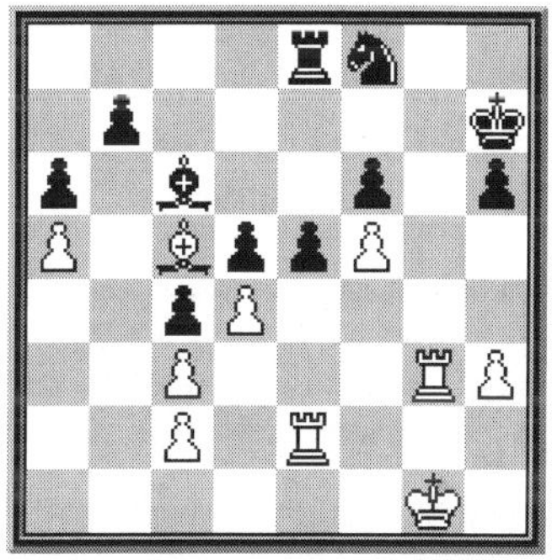

Posição após o lance 36- ..., e5

Observe como as peças pretas se encontram em posições ingratas, que nada podem fazer para inverter o destino da partida.

37- Teg2, Cd7 38- Tg7+, Rh8 39- T(7)g6, Rh7 40- Ba3, exd4 41- Bc1 e as pretas abandonaram.

A devida atenção aos subplanos (outras possibilidades além do plano inicialmente escolhido) é de vital importância para a boa continuidade estratégica da partida.

Uma bela partida que teve seu destino consolidado no aproveitamento de cada característica favorável da posição, em que a recarga defensiva do peão atrasado desmobilizou as peças pretas, dando as brancas a possibilidade do forte ataque diante das descoordenadas peças pretas na ala rei.

No diagrama abaixo temos um posição com um peão alvo na casa "c6" que será utilizado pelo adversário para desenvolver os lances de sua ofensiva, aproveitando-se aí da distração das peças pretas pela defesa do **peão débil**. Mostrando que a **debilidade** pode não se tratar do alvo direto do ataque, mas sim um tema gerador e condicionador de outros pequenos planos complementares e fundamentais para o êxito estratégico na partida.

Exemplo 7

Keres x Capablanca - 1938

(diagrama 9)

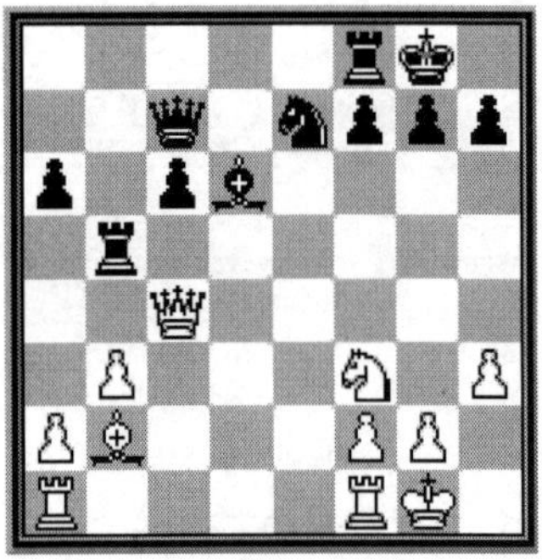

Jogam as brancas

O plano branco se resume em sobrecarregar a defesa negra pelo ataque ao peão da casa "c6" e depois se transferir com a iniciativa *tática* sobre o rei preto.

A debilidade muitas vezes não é explorada diretamente, no caso deste exemplo o peão serviu para distrair as peças pretas e as brancas atacarem com mais liberdade a ala rei adversária. Acompanhe.

1- Tac1, Tc8 2- Tfd1, Cg6? 3- Cd4, Tb6 4- Ce6! e pela estratégia chega-se, neste momento, à ação tática. Se (4- ..., fxe6 5- Dxe6+ recuperando a peça)

4- ..., Db8 5-Cg5 [também seria interessante 5- Cxg7, Be5 6- Bxe5, Cxe5 (se 6- ..., Dxe5 7- Dg4 garantindo a saída do cavalo além das brancas manterem muitas ameaças) 7- Dc3, Rxg7 8- f4 e a estrutura dos peões pretos é desvantajosa nas duas variantes].

5- ..., Tb7 6- Dg4, Bf4 7- Tc4, Tb5 8- Cxf7 e as brancas acionam o estopim da combinação (ver "Da posição para à combinação").

8- ..., Te8 (se 8- ..., Rxf7 9- Td7+ com forte ataque)

9- g3, Dc8 10- Txf4, Dxg4 11- Txg4, Rxf7 12- Td7+, Te7 13- Txe7+, Rxe7 14- Bxg7 e as brancas vencerão.

Ficando o peão da casa "c6", na verdade, como uma fonte de distração, amarrando as peças pretas na defesa enquanto as brancas definiram a partida com um outro plano: ataque à ala rei.

Ressaltando a ajuda tática na imposição do plano, mostrando como a ação conjunta tática e estratégia nos fornece maiores possibilidades dentro da execução do plano (ver Tática e Estratégia).

... OS PEÕES ...

...Avanço central ...

Dois pontos importantes na partida de xadrez são buscados com o avanço dos peões no centro do tabuleiro:

- Ampliação de território.
- Luta por casas centrais do tabuleiro.

O avanço deve ser efetuado com toda cautela para usufruir de uma posição consolidada e não de uma estrutura de peões frágeis que poderá ser quebrada facilmente pelo adversário.

Deve-se usar se possível a ajuda de **peças leves** para o apoio do avance, impedindo que as peças adversárias venham bloquear o avanço pretendido.

No diagrama seguinte observamos um centro forte branco devido ao arranjo dos seus peões neste ponto do tabuleiro. O que estaremos observando neste exemplo será como esta citada vantagem de fato se converteu em ganho.

Exemplo 8

Alekhine x Zubariev - 1915

(diagrama 10)

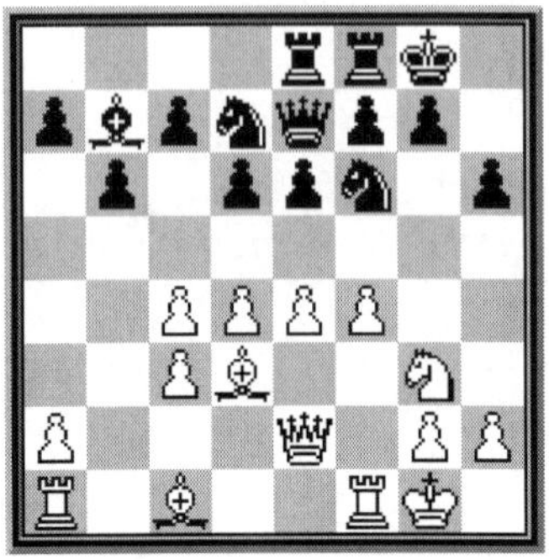

Jogam as brancas

1-Ba3, prevendo a possibilidade de aproveitar a **cravatura** peão da casa "d6".

1- ..., c5 2- Tae1, Rh8

As pretas tentam se preparar contra o avanço dos peões brancos.

3- d5, Cg8 4- e5, g6 5- Dd2, exd5 6- cxd5, dxe5 7- c4, Rh7 8- Bb2, Cgf6 se (8- ..., f6? 9- Bxg6+, Rxg6 10- Dd3+, f5 11- Cxf5, Txf5 12- fxe5 e as brancas ganhariam).

9- fxe5, Cg4 10- e6

Observe que os peões centrais retêm qualquer tentativa real negra de contrajogo, ficando ainda a ala rei toda a mercê do ataque branco. O centro forte devidamente conduzido fez a sua parte, restando agora o arremate final.

10- ..., Dh4 se (10- ..., fxe6? 11- Bxe6+ com ganho branco)

11- Txf7+, Txf7 12- Bxg6+, Rxg6 13- Dd3+, Rg5 14- Bc1+ e as pretas abandonam.

O avanço dos peões foi vencedor, porém devemos fazê-lo com muita cautela para não ceder ao adversário, por exemplo jogo compensador nas alas. Deve estar também embutido ao avanço dos peões um plano ofensivo que forneça sentido e continuidade a este.

O grande mérito da estrutura superior de peões no centro está, principalmente, na imobilização que causa no jogo adversário, fornecendo mais facilidade para o desenvolvimento de nossos lances tanto defensivos como ofensivos.

... Utilizando-se do espaço criado ...

Estando já com peões avançados, e com isso possuindo vantagem significativa de espaço, partiremos para a mobilização de nossas tropas de ataque. Podendo usar o maior espaço no centro para manobras decisivas como por exemplo o transporte de torres do centro para as alas.

No caso de uma estrutura central imóvel devemos recorrer a mobilização nas alas.

Devemos procurar sempre observar também a restrição dos movimentos do adversário e assim escolher o melhor lugar para concentrar suas forças e aproveitar a vantagem do espaço dentro do tabuleiro.

O exemplo seguinte mostra uma manobra de torre que aproveitou a disposição de espaço fornecido pelo arranjo dos peões. O detalhe é a movimentação de uma **peça pesada** de um ponto mais central em direção a uma das alas complementando a ameaça neste ponto. Acompanhe no diagrama.

Exemplo 9

Smyslov x Rudakovski - 1945

(diagrama 11)

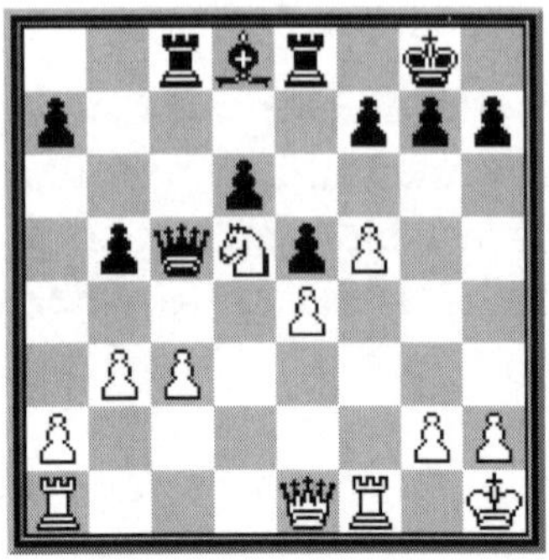

Jogam as brancas

1- Tf3 as brancas se direcionam para onde possuem mais espaço. A torre agora poderá ter atividade sobre as colunas " g" e " h" como se estivessem **semi-abertas**, com ameaça direta ao roque preto.

1- ..., Rh8 2- f6! este lance anula a ação do bispo preto e permite o deslocamento da dama branca até a casa "h4". As brancas seguem com ataque vencedor, acompanhe.

2- ..., gxf6 3- Dh4, Tg8 4- Cxf6, Tg7 5- Tg3 Com a idéia de 6- Dxh7 **5- ..., Bxf6 6- Dxf6, Tg8 7- Td1, d5 8- Txg7** e as pretas abandonam.

Os peões funcionam como bloqueadores das peças adversárias. Observe que quando diminuímos a movimentação das peças inimigas a teremos como futuros alvos de ataque. Formando assim os pontos a serem explorados de forma estratégica e tática.

A partida a seguir mostra uma estrutura de peões bloqueando a **cadeia dos peões** adversária. Esta restrição geralmente ocorre na presença no tabuleiro de **peão atrasado**, uma debilidade que pode ser decisiva no desenrolar de uma partida. Acompanhe e repare mais uma interessante atividade do peão: o bloqueio.

Exemplo 10

Smyslov x Sokolsky - 1947

1- e4, e5 2- Cf3, Cc6 3- Bb5, a6 4- Ba4, Cf6 5- O-O, Cxe4 6- d4, b5 7- Bb3, d5 8- dxe5, Be6 9- De2, ... liberando a casa "d1" para a torre que está na coluna f.

9- ..., Cc5 10- Td1, ... as brancas não evitaram a dobra do peão em b3 por apostarem que esta debilidade não será nociva à posição.

10- ..., Cxb3 11- axb3, Bc5 12- Be3, Bxe3 13- Dxe3, De7 14- Dc3, Cd8 15- b4

(diagrama 12)

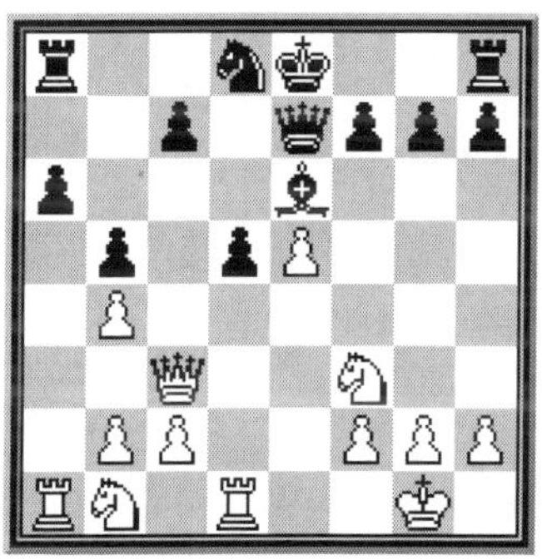

Posição após o lance 15- b4

As brancas puderam agora fazer o avanço do peão. Repare que embora dobrado, o peão teve mobilidade, esta é uma importante ressalva a ser considerada na avaliação de uma real debilidade neste tipo de posição. Esta mobilidade garantirá ao peão uma melhor participação dentro do jogo do que se estivesse bloqueado na casa "b3". Ressaltando aí a importância do último lance branco neste momento, uma vez que as pretas tinham também o avanço dos seus peões para a casa "b4" ou "c5", o qual imobilizaria bastante o jogo branco na ala dama como citado.

Com 15- b4 as brancas resumiram bastante o espaço preto na ala dama. Repare ainda a ação agora deste peão nas casas "c5" e "a5".

15- ..., O-O 16- Cbd2, Bg4 17- h3, Bxf3 18- Cxf3, c6 19- Td2, h6 20- b3, Te8

Na amarrada posição negra começam a acumular problemas estratégicos como a penosa posição do cavalo e ainda a conseqüente desunião das torres na primeira linha.

21- Cd4, ... (diagrama)

(diagrama 13)

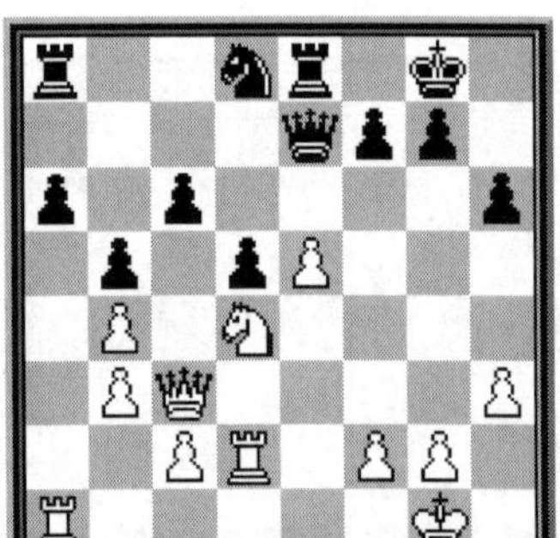

Posição após o lance 21- Cd4

As brancas começam o ataque a restringida posição das pretas.

21- ..., Dg5 se (21- ..., Dxe5 22- Te2)

22- Tf1, Ce6 23- f4, Cxf4 e as brancas iniciam, com

este sacrifício (abrindo a coluna: sacrifício posicional), o seu ataque vencedor, que seguiu com:

24- Tdf2, Ce6 25- Cf5, Tec8 26- h4, Dd8 27- Dg3, Rh7 28- Cd6, Tc7 29- Cxf7, De7 30- Cd6, Tg8 31- Dd3+ e as pretas abandonam.

Sem a ruptura negra na ala dama as brancas tiveram um jogo desenvolvido de maneira mais tranqüila.

... Sacrificando os peões ...

Em certas posições nossos próprios peões podem ser elementos de restrição do nosso jogo. Forçando-nos aí se possível avançá-los, buscando trocas ou até mesmo sacrificá-los se este for um preço válido para uma boa seqüência estratégica e tática.

No diagrama a seguir repare bem as possibilidades de ataque das brancas e tente achar uma combinação vencedora para estas peças.

Exemplo 11

Saemisch x Engel - 1928

(diagrama 14)

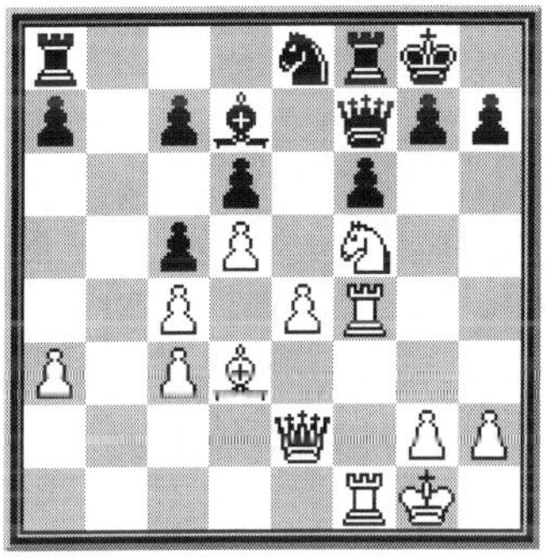

Jogam as brancas

Comentamos, agora, que o lance vencedor demonstra o eficiente elemento tático que pode ser o sacrifício do peão quando realizado na hora oportuna.

Portanto, acertou quem citou o lance **1- e5!** E as brancas podem agora contar com um bispo ameaçador.

O sentido estratégico deste tipo de sacrifício está na sua possibilidade de fornecer casas para um cavalo, abrir diagonais (que é o caso do diagrama), abrir colunas (ver exemplo anterior no lance 23- f4) ou linhas para outras peças ativarem seu raio de ação. Esta partida se concluiu assim:

1- ..., dxe5 2- Th4, h6 3- Txh6, Cd6 4- Ce7+, Dxe7 5-Th8+ e as pretas abandonam.

Outro exemplo bem explícito deste recurso aconteceu na partida entre os grandes mestres Kasparov e Kramnik. Acompanhe com base no diagrama abaixo.

Exemplo 12

Kasparov x Kramnik - 2001

(diagrama 15)

Jogam as brancas

1- e6!, Cxe6 Observe como o sacrifício desobstrui a diagonal para o bispo branco, além de poder contar agora com a coluna "e" aberta para ação de sua torre.

As brancas sabiamente apostaram neste sacrifício por possuírem peças mais ativas sobre o rei preto um tanto vulnerável no centro do tabuleiro. A partida seguiu e as brancas criaram uma elevada tensão tática no campo preto.

Veja:

2- Cd4, ... se (2- ..., Cxd4 3- Cf6 ou Cd6 e mate)

2- ..., c5 3- Cf5 as brancas apontam suas armas diretamente para o peão de "g7" e indiretamente compromete o restante da posição negra.

3- ..., Th7 4- Bf6! Um lance de exploração tática que amplia a vantagem posicional branca. A torre negra é forçada a sair da coluna "d" e o rei preto passa a ser o único defensor do bispo que está em "d7" na **coluna aberta.** Para as pretas resta esperar qual será a decisão branca. A partida foi para um final no qual Kasparov acabou vencendo.

... Cuidados com o avanço dos peões ...

Devemos ter em mente que sempre quando avançamos um peão este deixa de controlar casas, as quais controlavam imediatamente antes deste avanço. Portanto, devemos estar bem atentos para as casas que o peão a ser avançado deixará de controlar. Lembrando que em alguns casos a perda do controle de uma casa importante pode ser uma vantagem estratégica decisiva na partida.

Outro fato que se deve atentar é o avanço ou movimento exagerado de peões, em que se tornará frágil na posição sobrecarregando outras peças para defendê-lo, vindo a atrapalhar o devido arranjo das peças.

Na partida a seguir veremos duas conseqüências do movimento excessivo e prematuro dos peões. Uma delas são os cuidados para defendê-los, o que irá, como já foi dito, sobrecarregar suas próprias peças atrapalhando os demais planos durante a partida. Outra conseqüência é o atraso no **desenvolvimento** devido a um seqüente gasto de lances para movimentos de avanços de peão e sustentação deste na posição. Acompanhe a partida e veja na prática o que foi dito.

Exemplo 13

Letelier x Fischer - 1960

1- d4, Cf6 2- c4, g6 3- Cc3, Bg7 4- e4, O-O 5- e5 as brancas saem da seqüência normal do **desenvolvimento** e gastam outro tempo na cadeia central dos peões.

5- ..., Ce8 6- f4, d6 7- Be3, c5!

(diagrama 16)

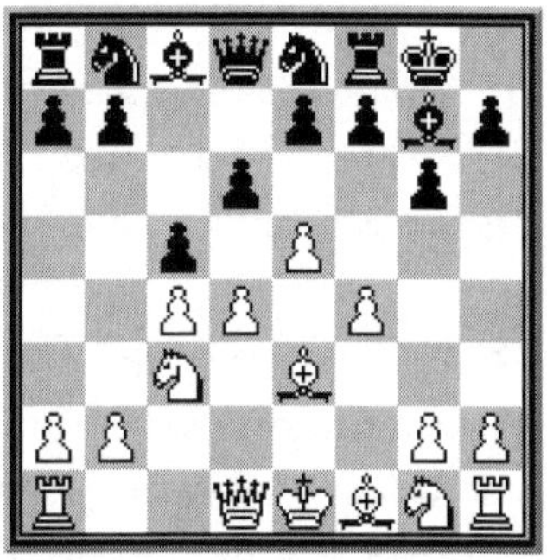

Posição após o lance 7- ..., c5

Os peões brancos avançados formam um centro aparentemente forte, mas criou na realidade uma grande fragilidade na posição das brancas, tendo em vista o excesso de lances gastos na movimentação dos peões, que deixará comprometido o arranjo das peças no decorrer da partida.

8- dxc5, Cc6 as pretas trocam um peão pela possibilidade de ter mais uma peça desenvolvida.

9- cxd6 as brancas totalizam sete lances de peões na tentativa de tomar algum proveito no centro, reparem o visível atraso no **desenvolvimento** da ala rei branca.

9- ..., exd6 10- Ce4, Bf5 11- Cg3, Be6 12- Cf3, Dc7 13- Db1, dxe5 14- f5, e4!

Abrindo a diagonal para o bispo e liberando a casa "e5" para o cavalo.

(diagrama 17)

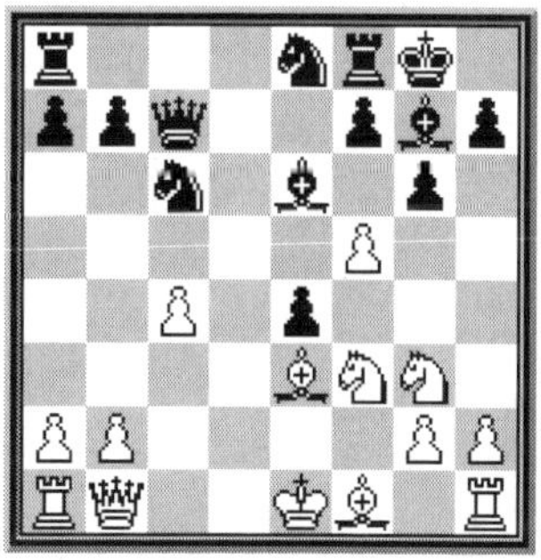

Posição após o lance 14- ..., e4

Um lance de mestre. Se (15- Dxe4 ,gxf5 e se 16- Cxf5, Da5+ ganhando material) ou se (16- Dh4, Bxb2).

15- fxe6, exf3 16- gxf3, f5 17- f4, Cf6 18- Be2, Tfe8 19- Rf2, Txe6

As pretas acham o momento de recuperar o peão após a conquista de uma posição superior. O centro branco desmoronou e o posicionamento preto prevaleceu.

20- Te1, Tae8 21- Bf3 e as brancas acabaram abandonando três lances depois.

(diagrama 18)

Jogam as pretas e vencem

Tente descobrir a seqüência de lances de Fischer no arremate desta posição (resposta no final do livro).

No diagrama 18 é visível a superioridade do cavalo preto em comparação do bispo branco, tudo em razão de suas respectivas mobilidades dentro do tabuleiro. E as coisas agravarão se as brancas, na tentativa de restringir a ação do cavalo na casa "e5", jogarem o inoportuno avance do peão para a casa "f4" (1- f4?), pois após a possível manobra com o cavalo pela casa d6 nada poderá evitar que o cavalo chegue a casa, "e4" um excelente ponto de apoio cedido no momento do avance branco.

Exemplo 14

Posição de estudo

(diagrama 19)

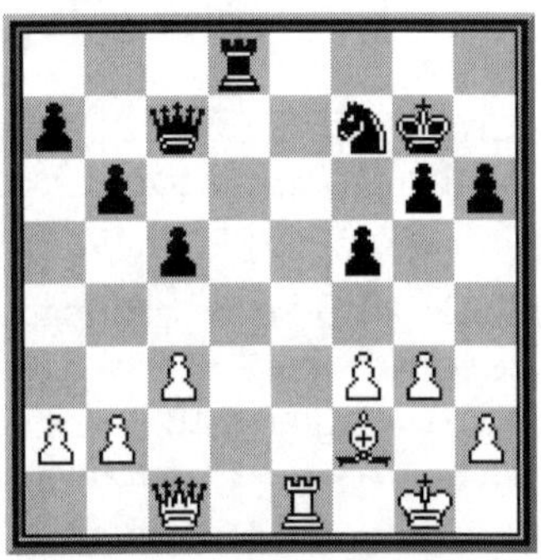

Posição esquemática

Em uma rápida análise pode-se concluir também que o peão branco em "f4" danificaria mais um ponto estratégico, e que além da casa cedida, o avanço fechou a única diagonal possível de ser aproveitada pelo bispo neste momento da partida, tornando o bispo prisioneiro em seu próprio campo. E o jogo preto, a partir daí, seria basicamente um aproveitamento estratégico do erro branco.

O enfraquecimento de casas em nossa defesa ocorre na maioria das vezes, inconscientemente, por uma simples falta de análise mais detalhada na posição das peças adversárias e seu respectivo raio de ação no tabuleiro. O cavalo no caso do exemplo anterior teve que realizar uma série de manobras para chegar em seu ponto de apoio, agora se já estivesse a postos para ocupar este ponto seria bem mais fácil para as brancas perceber neste momento, a real fraqueza do lance 1- f4.

Este foi um simplório exemplo de um importante aspecto estratégico a ser sempre respeitado quando desenvolvemos nosso plano: a defesa de casas importantes.

... Sobre a maioria de peões ...

Para uma devida avaliação do potencial de uma **maioria de peões** levamos em conta primeiramente que seu aproveitamento em geral ocorrerá num final de partida. Surgindo aí uma dependência entre o aproveitamento da maioria e o tipo de final que se chegou no tabuleiro. Por exemplo, se o final for de torres sabemos que a coroação do peão é muito mais difícil do que sem ela presente no jogo e assim por diante. Dentro desta mesma consideração de finais, a posição do rei é um fator fundamental a ser analisado quando se refere à utilização de uma maioria de peões.

Sabemos que após simplificação da posição, a localização do rei é determinante em um final de partida, portanto à distância de ambos os reis em relação à maioria pode ser decisiva.

No próximo exemplo, a visão estratégica mostrará na prática esta relação da posição do rei e uma determinada maioria de peões. Acompanhe no diagrama.

Exemplo 15

Partida exemplo

(diagrama 20)

Jogam as brancas

A posição negra é vantajosa, pois seu rei se encontra mais no centro do tabuleiro, gastando menos lances para agir com sua maioria de peões. Enquanto o rei branco está distante dificultando sua participação na defesa contra o avanço da maioria negra. Veja os lances.

1- h3, Re6 2- Bc3, Rf5 3- Rh2, Re4 (melhor 3- ..., Bd6+) **4- Rg3, Rd3 5- Be5, Rc2** e as pretas vencem pois se 6- Bb8, Rxb3 7- Bxa7, Bd6+! 8- Rh4, Bc7 9- Rg5, Rxc4 etc.

Repare porém que outro fator estratégico foi aproveitado pelas pretas nesta partida: o **peão atrasado** que se situava na casa "b3" tira a mobilidade e determina uma fragilidade à formação branca.

Contudo, não devemos colocar somente o rei como fator único e determinante nos finais com maioria de peões. Temos que ressaltar quais peças estão ainda no tabuleiro, no caso do nosso exemplo eram os bispos de cores iguais, mesmo porque o intuito do exemplo era apresentar uma posição bem simplificada para ressaltar, na prática, o que foi dito.

Lembrando que com a existência de **peças pesadas** no tabuleiro a análise pode mudar drasticamente dependendo da posição, vindo a ser avaliados nestes casos outros aspectos estratégicos, como, por exemplo, a ocupação de colunas, além de possibilidades táticas de acordo com a postura das peças.

Apresentaremos agora um exemplo de posição em que temos uma maioria de peões como tema principal de ameaça e que após uma técnica apurada de finais José Raul Capablanca trocou a maioria citada por material e conquistou a vitória.

Exemplo 16

Marshall x Capablanca - 1909

(diagrama 21)

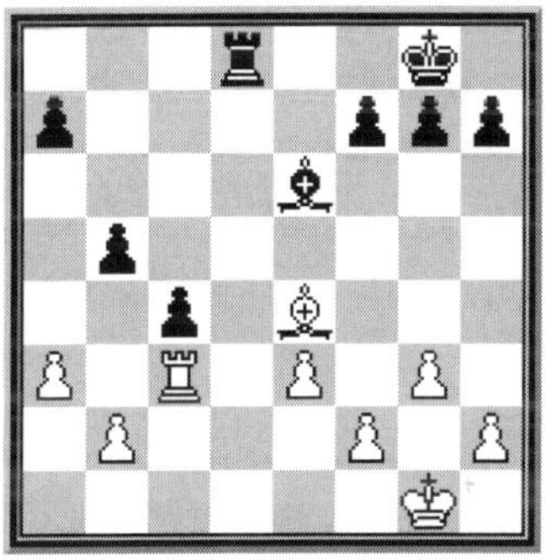

Jogam as pretas

Repare que a ameaçadora maioria das pretas restringe o jogo branco e a posse da coluna "d" é tópico determinante para a vantagem destas peças na posição do diagrama.

1- ..., Td1+ 2- Rg2, a5 3- Tc2, b4 e os peões pretos começam seu assalto a já intranqüila posição branca.

4- axb4, axb4 5- Bf3, Tb1 6- Be2, b3 7- Td2 as brancas tentam resistir.

7- ..., Tc1 8- Bd1, c3 e as brancas serão obrigadas a entregar o seu bispo pela maioria de peões das pretas.

(diagrama 22)

Posição após 8- ..., c3

9- bxc3, b2 10- Txb2, Txd1 Na dinâmica da partida as pretas *transformam uma vantagem posicional de sua maioria na ala da dama em uma vantagem material.*

11- Tc2, Bf5 12- Tb2, Tc1 e as brancas vieram a abandonar 11 lances depois.

Com relação a maioria de peões, deve-se atentar para a segurança da base da cadeia, representada pelo peão mais recuado (desenho esquemático abaixo), uma vez que nele está a sustentação momentânea desta maioria. Além disso, devemos aproveitar da "ocupação" adversária em restringir o avance de uma maioria para criar debilidades ou outros pontos de ataques decisivos (ver Planos e subplanos).

(figura 1)

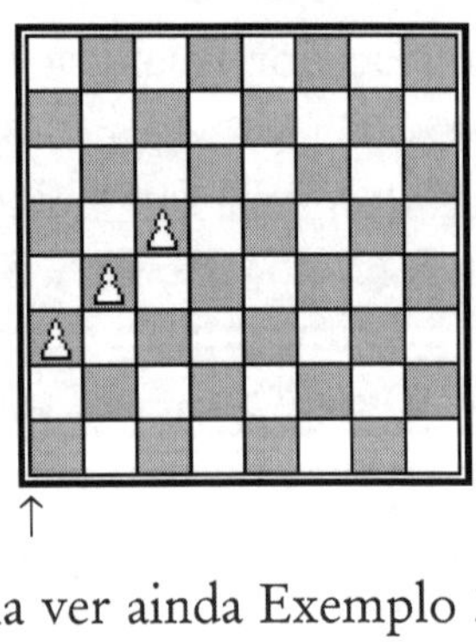

Sobre maioria ver ainda Exemplo 38.

... Debilidades ou não? ...

Quanto a debilidades causadas por peões (**peões dobrados, peões isolados** e demais ilhas de peões) temos que analisar a sua real representação na partida. Isto é, observar se a posição do peão em questão, dada como débil, em vez de ser nociva, venha contribuir dentro da **abertura** e no **meio-jogo**. Sendo, neste caso, a questionável debilidade um preço a ser pago na melhoria da posição.

O jogador deve retirar todo o preconceito com relação à formação de debilidades em seu campo defensivo, para melhor entender os reais efeitos deste tipo de opção estratégica.

O próximo exemplo mostra uma estrutura de peões dobrados que aparentou ser uma séria debilidade. De fato seria se a postura das brancas tivesse sido passiva e deixasse a partida seguir para um final mais simples em que a debilidade acabaria se tornando um alvo fácil. Veja o exemplo e conclua.

Exemplo 17

Partida Exemplo

1- c4, c5 2- Cc3, Cc6 3- Cf3, Cf6 4- d4, cxd4 5- Cxd4, e6 6- e4, ... (6- Cdb5 ou 6- g3 são lances bastante usados nesta posição).

6- ..., Bb4 fazendo pressão indireta no peão em "e4".

7- Cxc6 A escolha estratégica! Apostando no ataque pela coluna "d" e no potencial do meu bispo de cor escura no caso de 7- ..., Bxc3+.

7- ..., Bxc3+ 8- bxc3 surgindo uma suposta debilidade (peões dobrados e isolados).

8- ..., dxc6 (8- ..., bxc6? 9- e5 e as brancas alcançam superioridade na posição).

9- Bg5, De7 ?! se (9- ..., O-O 10- Dxd8, Txd8 11- e5, h6 12- Bh4, g5 13- Bg3, h5 14- Be2, Cxg3 15- hxg3 as brancas possuem uma certa vantagem posicional, mas teriam pela frente um jogo com final complicado).

10- e5, Dc5 ! 11- Dd4, Cd7

(diagrama 23)

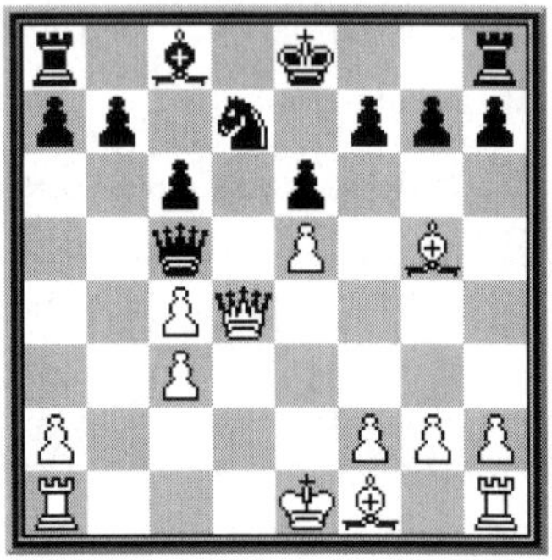

Posição após o lance 11- ..., Cd7

As pretas recusam as trocas para não desfazer a debilidade nos peões brancos, repare ainda como elas encontram problemas no **desenvolvimento** de suas peças.

12- Td1 ameaçando Dxc5, Cxc5 e Td8 mate.

12- ..., Da5 13- Dd6!? jogando pelo mate e dando às pretas a oportunidade de buscar o empate.

Se as pretas rocarem, a posição branca se complicaria muito.

13- ..., Dxc3+ 14- Re2, Dc2+ 15- Re1, Dc3+ e a partida terminou empatada por repetição de lances.

No entanto, com 15- Td2, Dxc4+ 16- Rf3 fornece um jogo interessante em que as brancas devem prevalecer. Faça a análise desta continuação e veja o que pode descobrir.

Foi visto que a partida empatou, porém o desenrolar desta partida mostra um bom exemplo de como debilidade pode não ser sentida quando se tem efetivas ameaças no ataque.

Reparem que as pretas, optando pela troca em "c3" para criar a debilidade, liberaram totalmente as casas pretas para o bispo e a dama das brancas.

Concluindo, portanto, que razões estratégicas verdadeiras devem eliminar os preconceitos contra certas debilidades.

A debilidade dos peões deve ser seriamente evitada quando há facilidade destes virarem alvos no meio jogo, ou além disso, ela não fornecer nenhum retorno ao jogo, pois, neste caso, indo para um final a debilidade pode ser um grande peso na posição.

Vejamos agora um exemplo com o peão isolado que, em vez de vir a ser considerado uma debilidade, mostrou-se na posição como uma acertada decisão estratégica.

Exemplo 18

Variante da Abertura Italiana

1- e4, e5 2- Cf3, Cc6 3- Bc4, Bc5 4- c3, Cf6 5- d4, exd4 6- cxd4, Bb4+ 7- Bd2, Bxd2+ 8- Cxd2, d5 9- exd5, Cxd5

(diagrama 24)

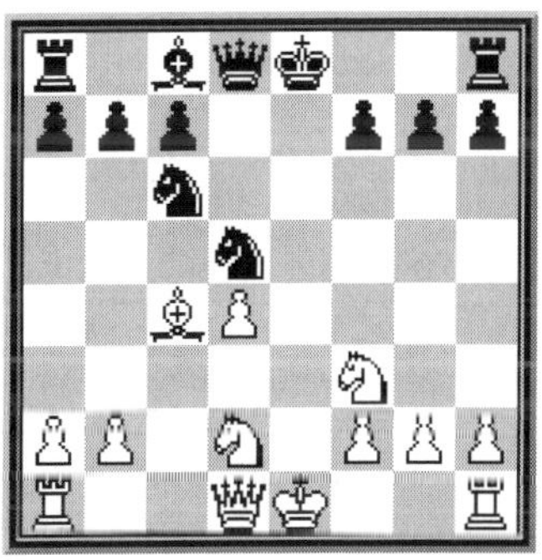

Posição após o lance 9- ..., Cxd5

Após as brancas jogarem Db3 seguido do roque, as brancas compensam o **peão isolado** por uma grande mobilidade de suas peças nesta posição, podendo contar com a ação das torres nas colunas "c" e "e" posteriormente. Além do próprio peão isolado que possui a responsabilidade da guarda sobre a casa central "e5" e a casa "c5" que servem de apoio à centralização dos cavalos das brancas.

Assim algumas variantes de abertura são jogadas com a formação proposital do peão isolado, resultados das compensações estratégicas existentes nas suas posições.

Então, é relativo dizer que uma formação irregular de peões (peão dobrado, isolado etc.) se trata de fato de uma debilidade.

A real debilidade é aquela que, de uma maneira ou de outra, vai ser aproveitada pelo nosso adversário e não sobrando nada compensatório para o nosso jogo.

... DOMÍNIO DE ESPAÇO ...

O espaço no tabuleiro é um quesito estratégico determinante no xadrez. Com maior território podemos, por exemplo, ter mais pontos para as manobras das peças, definindo assim um arranjo destas próprias peças mais comodamente para o ataque. Além de conseqüentemente colocar o adversário em uma posição mais restringida.

Faremos agora algumas observações quanto à vantagem de ***espaço no tabuleiro***:

- A vantagem de espaço é geralmente duradoura, portanto não se preocupe em ter que aproveitá-la imediatamente.
- Mesmo tendo vantagem de espaço, busque continuar restringir os movimentos de seu adversário, levando-o a posição cada vez mais incômoda.
- Com vantagem de espaço evite trocar peças. Com menor terreno para o seu adversário implicará uma situação cada vez mais difícil e ele pode começar a confundir-se com o seu próprio montante de peças. No caso das trocas estaremos aliviando esta situação para o oponente.
- Com o centro do tabuleiro fechado ou em equilíbrio de forças, se inicia nas *alas* a busca e o aproveitamento de espaço. Vindo para isto os lances preparatórios para rupturas, abertura de colunas etc.

Para começar a apresentação prática deste tema sugerimos um retorno ao exemplo 9 no qual o grande mestre Smyslov usufrui bem de seu espaço com uma acertada manobra de torre e uma combinação vencedora no arremate da posição.

Em seguida, o exemplo abaixo mostrará erros na abertura da partida que possibilitaram ganho de espaço a um dos jogadores, conseguindo este sufocar o **desenvolvimento** de seu adversário, vindo a vencer devido as suas ameaças e ao forte desequilíbrio na mobilidade das peças. Acompanhe.

Exemplo 19

Partida exemplo

1- c4, c5 2- Cc3, Cc6 3- Cf3, Cf6 4- d4, e6 5- d5, exd5 6- cxd5, Cb4 e as pretas têm a sua primeira peça deslocada.

7- a3, Ca6 8- e4, b6? Necessário era (8- ..., d6 que ameniza o avanço branco para casa "e5" e desafoga a posição negra).

9- e5, Cg8 10- d6 Uma peça é recolhida de volta a sua posição inicial e a outra foi imobilizada.

10- ..., f6?

(diagrama 25)

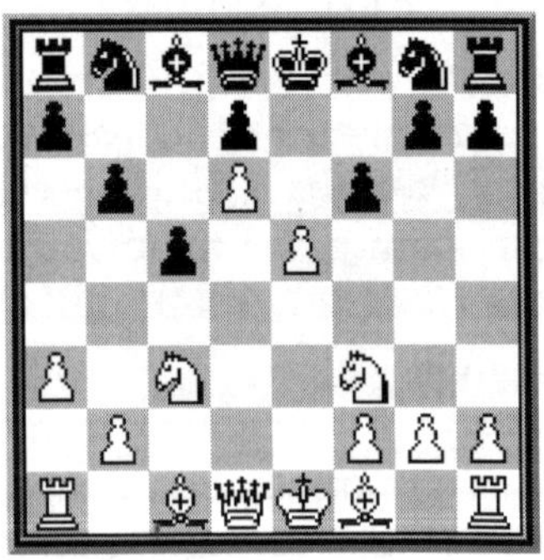

Posição após o lance 10- ..., f6

Mais um erro consecutivo preto, o suficiente para a derrota. As pretas tentam desafogar a ala rei de maneira desastrosa (10- ..., Bb7 prolongaria um pouco mais a partida).

11- Dd5, Tb8 12- Bc4 e as pretas abandonam.

O avanço dos peões conseguiu mais espaço às brancas, tendo seu mérito concentrado principalmente na restrição ao jogo preto e o fornecimento de linhas decisivas como a diagonal "a2 - g8".

Vale ressaltar que geralmente o domínio territorial é alcançado com a ocupação de uma casa ou com a guarda de uma casa por uma de nossas peças (principalmente peões). Considera-se este domínio também a área delimitada da nossa cadeia de peões para trás do nosso território.

Além disso, existe uma relação entre a disposição da cadeia de peões e o espaço disponível no tabuleiro como representado no esquema abaixo, que tem os peões brancos apontados em direção a ala rei adversária o que indica um maior espaço nesta ala e ao contrário as pretas por sua vez possuem uma maior disponibilidade de espaço na ala dama também determinado pelo direcionamento de sua cadeia de peões. Esta avaliação do espaço no tabuleiro é uma maneira prática de saber em qual ala teremos mais sucesso com a movimentação de nossas peças.

(figura 2)

No diagrama abaixo é apresentada uma posição em que as pretas dispõe de nítida vantagem espacial. Repare que suas peças ocuparam postos bem avançados e ameaçadores no campo branco. E neste exemplo poderemos mais uma vez observar a vantagem estratégica do espaço se converter em um arremate tático decisivo.

Exemplo 20

Ignatieva x Alesandriya - 1969

(diagrama 26)

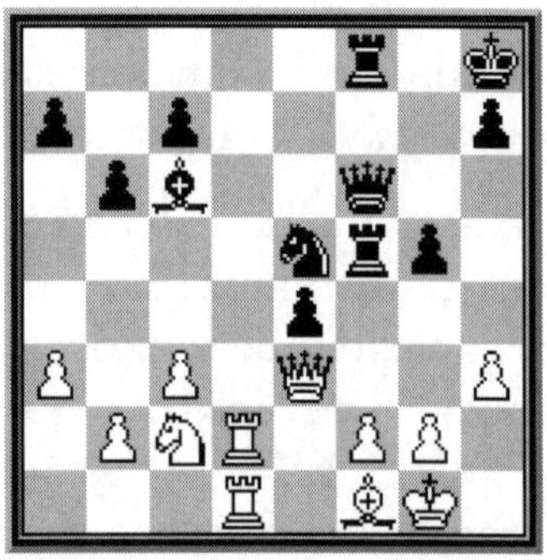

Jogam as pretas e ganham

Pode-se observar que a única forma de contrajogo por parte das brancas é tentar aproveitar o domínio da coluna "d" em que suas torres se encontram dobradas, podendo vir a contar ainda com a forte presença do cavalo se jogado na casa "d4".

Portanto, este é um momento crítico na partida. As pretas com nítida vantagem estratégica (maior espaço conquistado pelas peças) deverão se definir taticamente ou poderão ter esta vantagem dissolvida se as ameaças ao rei branco não se concluírem. Assim, acompanhe uma inteligente seqüência tática.

1- ..., Tf3! neste golpe os valores materiais se invertem e o cavalo preto relincha mostrando uma imponência superior à de uma torre sabiamente sacrificada.

2- gxf3, Cxf3+ repare que taticamente as pretas acabam por aumentar seu domínio territorial conseguindo levar o cavalo para a casa "f3" de onde dirige um ataque ao rei branco.

Se (2- De1, De2 ou Dd4 as pretas dão continuidade ao sacrifício jogando 2- ..., Txh3! e vindo a ocupar da mesma forma a casa "f3").

3-Dxf3

O cavalo preto, graças a seu posicionamento, possui a importância de uma **peça pesada.**

As brancas de fato são forçadas a entregar a dama, pois qualquer outro lance seria respondido pelo também decisivo 3- ..., De5 que impõe também a entrega da dama pelas brancas.

3- ..., exf5 4- Ce3, h5 5- Td4, Tg8 e as pretas ganharão com o ataque sobre o rei, não tendo as brancas contra jogo satisfatório.

Teremos na próxima partida uma interessante amostra de conquista territorial e seu devido aproveitamento para a vitória. O exemplo foi comandado pelo grande mestre Gary Kasparov que enfrentou o programa para computador DEEP BLUE.

Exemplo 21

Kasparov x Programa Deep Blue - 1996

1- Cf3, d5 2- d4, c6 3- c4, e6 4- Cbd2, Cf6 5- e3, c5 6- b3, Cc6 7- Bb2, cxd4 8- exd4, Be7 9- Tc1, O-O 10- Bd3, Bd7

O mais natural seria desenvolver o bispo pela casa “b7”.

11- O-O, Ch5 12- Te1, Cf4 13- Bb1, Bd6 14- g3, Cg6 15- Ce5

Repare que as brancas se mobilizam na ocupação dos espaços e as pretas podem ficar rapidamente acuadas em seu próprio campo.

(diagrama 27)

Posição após o lance 15- Ce5

15- ..., Tc8 16- Cxd7, Dxd7 17- Cf3 as estruturas dos peões apontam um maior espaço das brancas na ala rei (ver figura 2, pag. 55). As pretas por sua vez terão que procurar seu contrajogo no centro ou na ala dama.

17- ..., Bb4 18- Te3, Tfd8 19- h4, Cge7 20- a3

As brancas inteligentemente antecipam qualquer tentativa negra na ala dama usando o bispo adversário para o ganho de **tempo** e espaço também na ala dama.

20- ..., Ba5 21- b4, Bc7 22- c5 e o espaço das pretas vai sendo gradativamente engolido pelas brancas.

(diagrama 28)

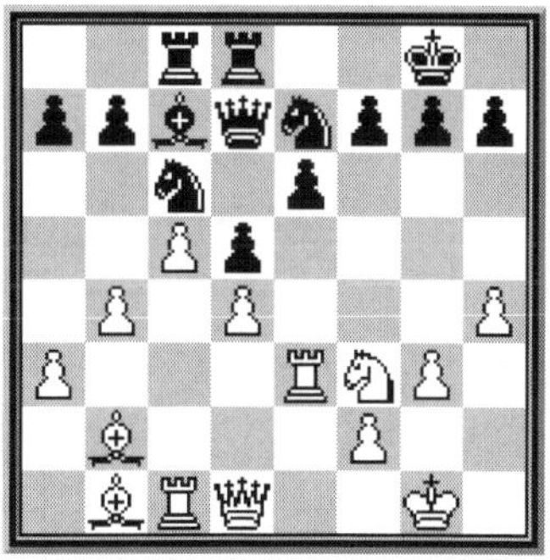

Posição após o lance 22- c5

22- ..., Te8 23- Dd3, g6 24- Te2, Cf5 25- Bc3, h5 26- b5, Cce7 27- Bd2, Rg7 28- a4, Ta8 29- a5

O pouco espaço sufoca as peças pretas.

29- ..., a6 30- b6, Bb8 31- Bc2, Cc6 32- Ba4, Te7 33- Bc3, Ce5 34- dxe5, Dxa4 35- Cd4, Cxd4 36- Dxd4, Dd7 37- Bd2, Te8 38- Bg5, Tc8 39- Bf6+, Rh7

De um lado um rei ameaçado, na outra ala os peões empurram e restringem as pretas.

40- c6!

(diagrama 29)

Posição após o lance 40- c6

As brancas sentem o momento e optam pelo arremate da partida na ala dama, sendo possível também a ruptura vitoriosa na ala rei.

40- ..., bxc6 as pretas recusam trocar a única torre ativa.

41- Dc5, Rh6 42- Tb2, Db7 43- Tb4 e os responsáveis do programa resolvem desistir da partida.

Este exemplo mostra por si só como devemos valorizar e usufruir da vantagem estratégica do espaço.

... O TEMPO ...

Entre os vários elementos que vêm auxiliar o desenvolvimento de um plano, o **tempo** no xadrez possui um grande desempenho tático-estratégico. O tempo pode ser conquistado a partir de um xeque, uma ameaça de mate, uma ameaça de ganho de uma peça etc. O exemplo seguinte demonstra claramente o ganho de tempo e seu efeito dentro da partida.

Exemplo 22

Munir C. Said x Luis Horácio Saboia - 2001

Nesta partida veremos claramente o aproveitamento do ganho de tempo sendo decisivo no arremate de uma posição favorável.

O diagrama abaixo mostra a posição após o lance preto **1- ..., Dc7**

(diagrama 30)

Posição após o lance das pretas: Dc7

A partida seguiu com:

2- Dd5+ ganhando **tempo** e liberando a casa "d1" para a ocupação da torre justamente por forçar o adversário a defender o rei e, conseqüentemente, impossibilitando-o de defender suficientemente o peão que está em "d6", o qual após **2- ..., Rh8 3- Tfd1** acabou sendo conquistado pelas brancas.

Podemos concluir também com este exemplo que o **tempo** ganho em um lance é, na verdade, um tempo que subtraímos de nosso adversário na partida.

O tempo é uma peça-chave se queremos tomar posse e ou manter a **iniciativa**.

Procure observar, no decorrer das ações das partidas, todos os casos marcantes de ganho de tempo, concluindo na prática a importância deste recurso.

... AO ATAQUE! ...

Antes de iniciarmos uma ofensiva, devemos estar cientes para onde apontar o nosso pelotão. Dependendo da posição existirão **debilidades** a serem exploradas, já em outras é necessário o jogador usar lances para forçar a existência da debilidade no campo adversário construindo aí o seu alvo de ataque. A seguir, será nosso enfoque o aproveitamento e criação de debilidades para o ganho de uma partida, mostrando respectivamente o aproveitamento estratégico e tático de algumas vulnerabilidades adversárias.

No diagrama a seguir, de uma posição fechada a qual foi modificada para um jogo aberto, as pretas passam a possuir alvos bem definidos (peões brancos isolados) e a conquista de um deles garante a vantagem necessária para sua vitória, observe.

Exemplo 23

Prakop x Zita - 1942

(diagrama 31)

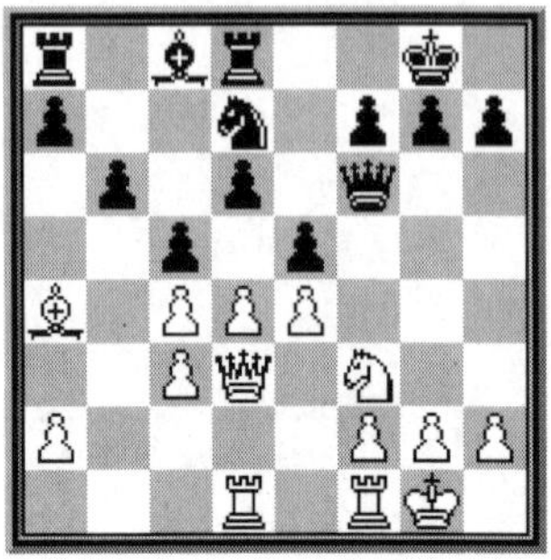

Jogam as pretas

1- ..., cxd4 2- cxd4, exd4 3- Dxd4, Dxd4 4- Txd4, Cc5 5- Bc6, Bb7 6- Bxb7, Cxb7 7- Tfd1, Tac8 as brancas possuem dois peões isolados na ala dama que irão cair na mira das pretas, por sua vez o peão isolado preto da coluna "d" poderá ser facilmente defendido pelo rei, observe.

8- Rf1, Rf8 9- Re2, Re7 10- Re3, Tc5 11- h3, g6 12- T1d3, Ta5

As debilidades levam as brancas a uma incômoda posição defensiva.

13- Td2, Ta3+ 14- Re2 ,Ta5 15- Td5, Ta4 16- T5d4, Ca5 e as pretas conquistam o peão débil das brancas.

(diagrama 32)

Posição após o lance 1- ..., Ca5

17- e5, Cxc4 18- exd6+, Txd6 19- Te4+, Te6 20- Txe6+, Rxe6 e as pretas ganham o final pela vantagem do peão e pela iniciativa.

No exemplo 22 foi visto uma pequena combinação contendo o ganho de tempo, agora podemos voltar um pouco à posição na mesma partida para observar como se debilitou a posição das pretas para então provocar a perda inevitável de material (peão de "d6").

Já o diagrama abaixo mostra a posição após o lance das pretas **1- ..., e6**, uma escolha estratégica para defender a casa "d5", mas que deixa momentaneamente o peão solto na coluna "d", que tira a casa de retorno para o seu próprio cavalo que estava em "c5" dando as brancas a possibilidade de seguir com a iniciativa dentro da partida.

Exemplo 24

Munir C. Said x Luis Horácio Sabóia - 2001

(diagrama 33)

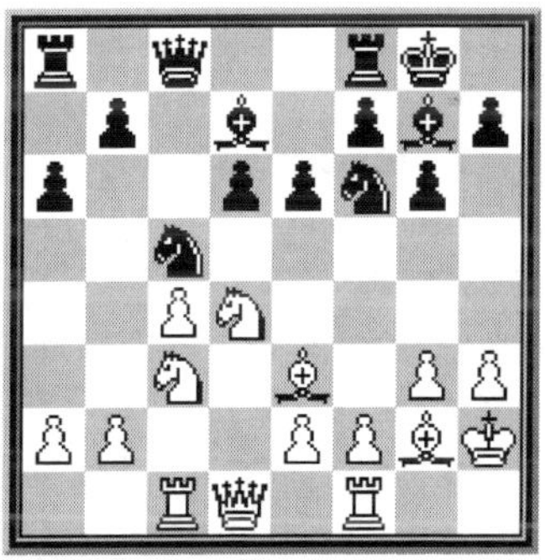

Posição após o lance 1- ...., e6

A seqüência do ataque:

2- b4, e5 3- Cf3, Cce4 4- Cxe4, Cxe4 5- Cg5! Ameaçando o cavalo e o peão e assim forçando as trocas.

5- ..., Cxg5 6- Bxg5 e agora com a ameaça de Be7 ganhando o peão.

6- ..., f6 defende a ameaça mas abre a perigosa diagonal "a2-g8" e também limita a ação de seu bispo das casas pretas.

Observe que, dentro da seqüência ofensiva, a cada lance defensivo das pretas abriam-se outras possibilidades estratégicas e táticas para a continuação do ataque.

7- Be3 ,Dc7 (exemplo 22) **8- Dd5+** o aproveitamento da debilidade posicional criada (diagonal)

8- ..., Rh8 9- Tfd1 ganhando o peão.

Além da vantagem material obteve-se vantagem posicional (melhor arranjo das peças) após o término desta combinação que veio garantir a vitória.

Observe o diagrama abaixo.

Exemplo 25

Zaitsev x Lepievskin

(diagrama 34)

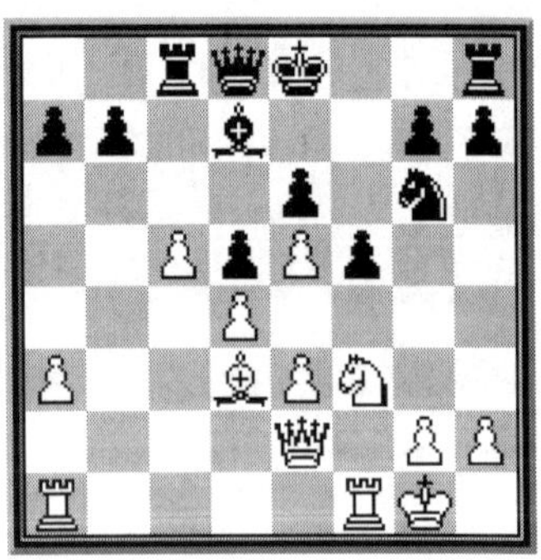

Jogam as brancas

Repare que o tema do ataque branco, ou seja aquilo que pode ser determinante neste ataque, é o mau posicionamento do rei preto (no centro do tabuleiro). Cabendo agora ao jogador que detem esta vantagem realizar o desfecho tático, se já for possível, caso contrário deve-se procurar aumentar as ameaças como ocupar colunas com a torre, manobrar os cavalos, abrir passagem para sua dama etc. ou criar outras debilidades na posição vindo a sobrecarregar a defesa adversária e finalmente definir a partida.

Lembrando que o alvo apresentado neste exemplo não se trata de um ponto específico debilitado, mas sim de uma desvantagem posicional a qual pode ser alterada e corrigida caso não seja aproveitada convenientemente e a tempo pelo adversário.

Dessa forma, veremos o ataque branco minar todas as possibilidades pretas em um interessante e seqüencial ataque ao rei em que soube criar alvos bem definidos durante a seqüência de seus lances, visto que a cada tentativa negra de amenizar o ataque poderia emergir na posição mais uma desvantagem para este lado. Acompanhe:

1- g4! As pretas poderiam usar agora o seu próximo lance para rocar mas as brancas estão estrategicamente preparadas para esta jogada, veja: (1- ..., O-O 2- gxf5, exf5 e as brancas possuiriam um peão passado e apoiado além das pretas ganharem um peão isolado na coluna "d").

1- ..., fxg4 2- Bxg6+, hxg6 3- Dg2!, Bb5

Observe e conclua porque logicamente as pretas não podem capturar em "f3".

4- Dxg4, O-O

Todos os sacrifícios são justificados pela continuidade do ataque ao rei preto, repare como as brancas valorizam o seu tema de ataque definindo assim o seu plano e a **iniciativa**.

Pouco adiantaria (4- ..., Bxf1 pois 5- Dxe6+, Rf8 e após 6- Txf1 as brancas ameaçam xeque descoberto).

5- Cg5, Bxf1 (no caso de 5- ..., Txf1 6- Txf1, Bxf1 7- Dxe6+ ganhando).

6- Dh4, Dxg5 7- **Dxg5** e as brancas ganharão sem muitas dificuldades.

O tema neste último exemplo foi principalmente o posicionamento do rei que poderia ser corrigido caso as brancas não realizassem a combinação ofensiva no tempo certo. (Ver Com a mira no rei e Da posição para a combinação).

Já quando possuímos, como temas de ataque, as debilidades estáticas do adversário como **peão isolado, peões dobrados** etc., não devemos nos apressar para se aproveitar deste tipo de vantagem. Uma vez que se trata geralmente de uma posição de difícil reversão. Portanto, podemos em vez de focar imediatamente a debilidade agir no restante da posição aproveitando-se da preocupação adversária em defender os pontos débeis de sua posição. (Ver exemplo 6).

Desta forma, estaremos evitando dois erros quando se trata de aproveitamento de debilidades. O primeiro é partir para o ataque sobre o lado frágil adversário e se esquecer dos demais componentes da partida, podendo assim ser surpreendido com o contrajogo adversário. Se, como foi dito, a debilidade se apresentar como permanente devemos antes de tudo tranqüilizar nossa defesa contra as ameaças imediatas do oponente e finalmente poderemos materializar nossa vantagem atacando os pontos débeis existentes.

Outro erro semelhante a este ocorre quando nos preocupamos em liquidar rapidamente ao nosso favor uma debilidade qualquer e, mesmo conquistando certa vantagem material como peões, por exemplo, estamos fornecendo um alívio posicional para o oponente, o qual não contará mais com o peso de ter que defender o ponto débil, e, dependendo do caso, seguirá na partida articulando seu contrajogo, caso nosso ataque não possua uma boa continuidade. Então, quando nosso adversário possuir alguma debilidade permanente, deveremos deixá-lo o maior tempo possível sob esta pressão posicional de ter que defender o ponto débil e assim poderemos agir um pouco mais livre em outros pontos do tabuleiro e ao mesmo tempo limitar a ação deste oponente.

Na posição a seguir, as brancas apressadas, no aproveitamento da debilidade dos peões pretos dobrados, terminam por despertar um contrajogo adversário que tornou o ganho material no ataque à debilidade um grande prejuízo posicional na partida. Acompanhe no diagrama abaixo.

Exemplo 26

Posição esquemática

(diagrama 35)

Jogam as brancas

1- Ca5, Ba8 2- Cdxc6??, Dd5 as brancas ganham o peão débil, porém libera a grande diagonal "a8-h1" para o contrajogo preto.

As brancas deveriam ter preparado melhor o ataque tentando antes por exemplo melhorar o posicionamento de suas peças pesadas. Afinal de contas a debilidade na coluna "c" é permanente não exigindo pressa para ser explorada.

As investidas aos nossos alvos não devem visar somente o ganho material pois algumas vezes as nossas conquistas ofensivas são puramente posicionais, ou seja, de uma ação defensiva de nosso adversário diante de um ataque podem surgir outros alvos para serem explorados (ver planos e subplanos). O que deve ocorrer nestes casos é uma profunda análise do resultado da tensão da ameaça no campo inimigo, detectando após os lances ocorridos qual é o nosso proveito posicional desta ameaça, sempre observando se foram criadas novas debilidades na posição do oponente. Então, se o adversário eliminar ou corrigir alguma debilidade posicional de um ponto frágil na posição (o alvo) pode estar causando o aparecimento de outra debilidade. Visto que podemos dizer que o primeiro na verdade não deixou de existir e sim se transformou, acontecendo aí uma espécie de "transferência de debilidade" em que a nossa vantagem posicional da debilidade não desaparece com a intervenção adversária na posição, mas diante deste esforço defensivo ela é transferida para outro ponto do tabuleiro ou transformada em alguma outra forma potencial de estratégia como tempos na partida ou a iniciativa das jogadas seguintes.

O exemplo 27 mostra um pouco desta dinâmica da transferência de debilidades, em que o grande mestre Smyslov teve ao seu favor uma série de pontos estratégicos que foram sendo usados e assim transformados um após o outro até se chegar à posição decisiva na partida.

Exemplo 27

Smyslov x Bisguier - 1955

1- d4, Cf6 2- c4, e6 3- Cc3, Bb4 4- e3, O-O 5- Bd3, d5 6- Cf3, b6 7- O-O, Bb7 8- cxd5, exd5 9- Bd2, Cbd7 10- Tc1, a6 11- Ce5, Bd6 12- f4

Repare que estrategicamente as brancas já possuem a seu favor um cavalo centralizado e um espaço favorável para atacar a ala rei.

12- ..., c5 13- Df3, b5 14- Dh3 Com ameaça de 15- Cxd7, Dxd7 16- Bxh7+ ganhando

14- ..., g6 15- Cxd7 As brancas ***trocam*** o seu forte cavalo centralizado e a presença de um peão atrasado em seu território (peão de "e3") por uma maior atividade ofensiva.

(diagrama 36)

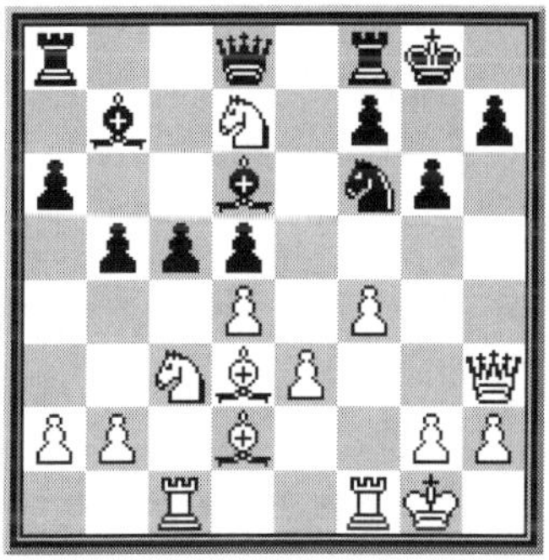

Posição após o lance 15- Cxd7

15- ..., Cxd7 16- f5, Be7 (16- ..., c4? pois 17- fxg6, hxg6 18- Bxg6, fxg6 19- De6+ etc.)

17- fxg6, hxg6 18- dxc5, Cxc5 19- Bb1, Cd7 20- Ce2, b4 21- Cd4 Após as trocas as brancas mantêm a pressão na ala rei negra contando agora com a coluna "c" **aberta** e a coluna "f" **semi-aberta** para ajudar na consolidação de seu plano ofensivo.

21- ..., Cf6 22- Cf5! A tática na ajuda da imposição estratégica, ver Tática e Estratégia **22- ..., Ce4**

Impedindo (23- Cxe7, Dxe7 e 24- Dh4).

23- Bxe4, dxe4

As brancas tiram do jogo uma de suas peças ativas de seu ataque, com isso eliminou-se o ativo cavalo preto além de fechar definitivamente a diagonal "a8-h1" para o bispo inimigo.

24- Dg3 A ameaça branca agora é a colocação da torre na sétima linha.

24- ..., Tc8 25- Tcd1, De8 26- Cd6, Bxd6 27- Dxd6

Nesta última seqüência as brancas cedem a sua atividade na coluna "c" e o bom cavalo pela possibilidade de seguir com outro plano: da colocação do bispo na diagonal "a1-h8", acompanhe como Smyslov segue passo a passo por um caminho ricamente estratégico.

27- ..., b3 (Não adiantaria 27- ..., a5 por causa de 28- Db6)

28- axb3, De6 29- Db4, Bc6 30- Bc3

(diagrama 37)

Posição após o lance 30- Bc3

Observe agora a diferença posicional relativa aos bispos presentes no tabuleiro, grande indicativo da superioridade branca neste momento da partida. Veja agora como terminou esta didática partida:

30- ..., Tcd8 31- Txd8, Txd8 32- Db6, Dc8 33- h3, Td5 34- Db4, De8 35- Bd4, Bb5 36- Tc1, Td8 37- Dc5, Bd7 38- Dg5 e as pretas abandonam.

Não há como impedir o ganho branco pela diagonal "a1-h8": o último e decisivo elemento estratégico usado pelas brancas na partida.

Todo o conhecimento tático logicamente é importante para criarmos um ataque vencedor, e em alguns casos deveremos usar dos sacrifícios de peças para a continuidade do ataque. Quando isto acontecer devemos estar cientes que a partir daí toda **simplificação** que ocorrer na posição passa a ser comprometedora ao nosso ataque e a própria sobrevivência na partida. Mesmo caso ocorre quando estamos atacando e o jogador contrário tem sua posição amarrada por várias de nossas ameaças e assim, é claro que a tentativa do defensor será de simplificar o máximo possível para enfraquecer nosso ataque. Devemos evitar estas trocas e ao mesmo tempo tentar manter a tensão da posição ou encontrar o quanto antes um momento de converter a pressão posicional em uma combinação tática. Dessa forma, justifica-se a força potencial das ameaças da partida, procurando uma vantagem a altura das ameaças conseguidas na partida.

Agora apresentaremos uma partida em que as brancas possuem condições bem favoráveis para realizar um ataque vencedor, e podemos ver (diagrama a seguir) os dois bispos voltados para a ala rei que se apresenta momentaneamente desguarnecida. As brancas podem ainda contar com um cavalo centralizado em "d4" e uma possível manobra ofensiva da torre que está na coluna "f": f3-h3 por exemplo. Além disso, o possível ataque branco pode ser bem-sucedido tendo em vista a restringida posição das pretas que não se encontram possibilitadas no momento de nenhum contrajogo. No entanto, com toda esta vantagem posicional as brancas não conseguem a vitória por terem seguido um plano errôneo de simplificação e a cada peça trocada a tensão posicional da partida que era desfavorável às pretas foi aliviando cada vez mais. E, desta forma, as brancas quando se lançaram ao ataque não possuíam condições de dar seqüência para o ganho e tiveram que se contentar com o empate. Veja os lances.

Exemplo 28

Lendvai x Tetenkina - 1994

(diagrama 38)

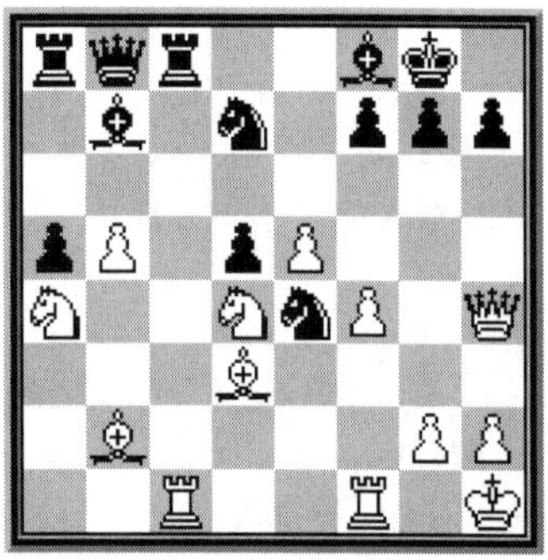

Jogam as brancas

1- Cc6, Bxc6 2- bxc6, Cdc5 3- Cxc5, Bxc5 4- Txc5, Cxc5 5-Dxh7+, Rf8

As brancas concluem que as trocas juntamente com o sacrifício foram lances precipitados, visto que uma variante contendo lances preparatórios daria uma sorte maior para as brancas. Com lances iniciais que mantivessem a pressão poderiam colher melhores frutos com seu ataque se pudessem contar com um exército mais diversificado para desenvolver sua ofensiva ao rei adversário.

E a partida seguiu com

6- Ba3, Txc6 7- Tc1, Db3 8- Dh8+, Re7 9- Dxa8, Dxa3 10- Td1, Cxd3 11- Dxc6, Cf2+ 12- Rg1, Cxd1

13- Dc7+, Re8 14- Dc8+, Re7 15- Dc7+, Re6 empate por xeque perpétuo.

... Materializando uma Vantagem Estratégica ...

A posição seguinte apresenta nítida vantagem estratégica sendo convergida em uma ação tática decisiva a qual pode levar a um ganho imediato ou a uma vantagem vencedora dentro de um final de partida.

Exemplo 29

Fischer x Bolbochán - 1962

(diagrama 39)

Jogam as brancas

A vantagem estratégica das brancas é decisiva. Com o forte cavalo contra um limitado bispo e a ameaça sobre o **peão atrasado** da coluna "d" as brancas trancam as pretas na defesa.

1- f4, exf4 2- Dxf4 as brancas iniciam as modificações na posição para o aproveitamento das vantagens estratégicas citadas.

Antes de continuar, perguntamos, qual seria a razão que levou Fischer a não optar por 1- Cxe7+, Dxe7 que ganha o peão da casa "d6"? (resposta no final do livro).

2- ..., Dd7 3- Df5 uma inteligente proposta tática (se 3- ..., Dxf5 4- Cxe7+). Já com a troca em "e7" para o ganho do peão de "d6" há uma simplificação forte na posição a qual diminuiria a tensão das ameaças das brancas.

3- ..., Tcd8 Fischer obtém outro ponto estratégico para ser explorado: a coluna "c".

4- Ta3 as brancas fazem mira sobre um ponto desguarnecido das pretas.

4- ..., Da7

Agora com (5- Cxe7+, Dxe7 6- Txa6 e as brancas se encontrariam em um final com muita vantagem). Contudo, o estilo particular de Bobby Fischer conduziu as brancas para explorar a vantagem de maneira tática, ganhando da maneira que consagrou este estupendo enxadrista.

5- Tc3 ameaçando colocar a torre na sétima fileira.

5- ..., g6 6- Dg4, Dd7 7- Df3, De6

(diagrama 40)

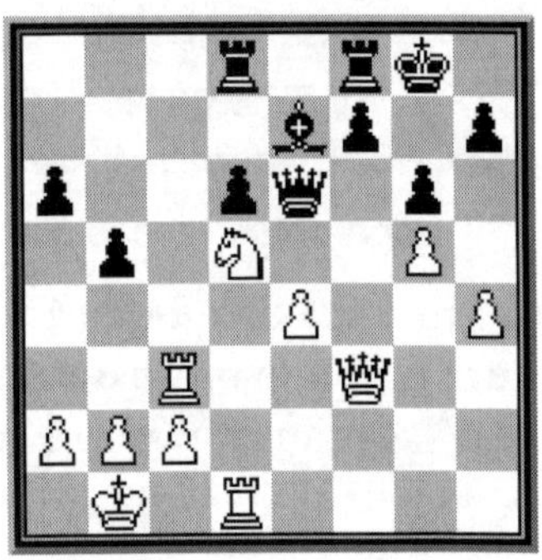

Posição após 7- ..., De7

Reparem a abrangência do cavalo branco no centro do tabuleiro. Se (7- ..., Tc8 ? 8- Txc8, Txc8 9- Cb6).

8- Tc7, Tde8 9- Cf4, De5 10- Td5, Dh8

Tudo está muito apertado para as pretas, e mais uma peça sua é desposicionada.

11- a3, h6

As pretas partem para o esforço de desafogar a posição. Contudo, são justamente nestas tentativas da recuperação posicional que podemos obter grandes oportunidades táticas ou de ampliação das ameaças em qualquer descuido do adversário, em quanto este gasta seus lances na tentativa deste reequilíbrio.

12- gxh6, Dxh6   13- h5, Bg5

(diagrama 41)

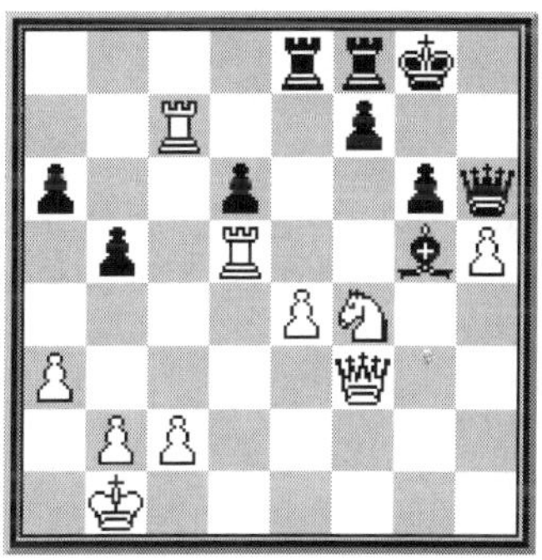

Posição após o lance 13- ..., Bg5

O bispo preto ressurge na partida, porém as brancas já somaram vantagens suficientes para o arremate tático decisivo, em que a abertura da coluna "h" e a torre na sétima garantem força para o arremate citado.

A posição se modificou, mas as brancas souberam manter a vantagem nos lances desta transformação. Então, Bobby Fischer se lança por completo em seu rico jogo combinativo que lhe rendeu nesta partida o "prêmio de brilhantismo". Acompanhe os lances que culminaram no ganho branco.

14- hxg6!, fxg6 Se (14- ..., Bxf4 15- gxf7+, Txf7 16- Txf7, Rxf7 17- Th5 ganharia)

15- Db3, Txf4 Se (15- ..., Rh8 16- Cxg6+, Dxg6 37- Txg5, Tf1+ 18- Ra2, Dxg5 19- Dh3+, Rg8 20- Dxf1)

16- Te5+, Rf8 17- Txe8+ e as pretas abandonam. Se (17- ..., Rxe8 18- De6+, Rf8 19- Dc8 + mate no próximo lance).

...Com a mira no Rei ...

Obviamente, no xadrez nada é melhor do que ter em mãos a possibilidade de ir direto ao assunto, ao objetivo principal: o ataque direto ao rei em busca do mate.

Como foi mostrado em exemplos anteriores este item dá a devida riqueza e a objetividade às idéias das vantagens estratégicas.

Existem sinais que nos ajudam a saber a hora correta para desencadearmos um ataque com sucesso ao rei adversário. Um destes sinais é o atraso no **desenvolvimento** em um dos lados, o qual pode ser pego de surpresa por ataque justamente quando menos se espera. Desta forma, mostraremos agora um pouco da consciência estratégica dentro do ataque decisivo ao rei.

Em circunstâncias normais, isto é, em condições mais equilibradas de ambos os lados, o ataque só deve ser realmente realizado com grande certeza de algum mérito. Este ataque deve possuir flexibilidade para no caso de não culminar em mate ou mesmo em uma vantagem material, que o lado que está atacando consiga retornar as ações estratégicas da partida e pelo menos ter possibilidades de criar outras ameaças para a manutenção da **iniciativa** da partida.

Para ilustrar pedimos ao leitor que reexamine o exemplo 9, o ataque ao rei ocorrido não levou diretamente ao ganho pelo mate, mas acabou levando-o a vitória devido aos danos causados à posição de seu oponente.

No próximo exemplo será visto um ataque ao rei contendo até um sacrifício de peça e que teve a sua justificativa no desarranjo que causou à posição adversária, visto que o ataque não parou pelo sacrifício, mas sim no aproveitamento da posição restante, que poderá confirmar dentro da realidade lógica do xadrez se o sacrifício teve ou não sentido. Vamos ao exemplo.

Exemplo 30

Posição esquemática

(diagrama 42)

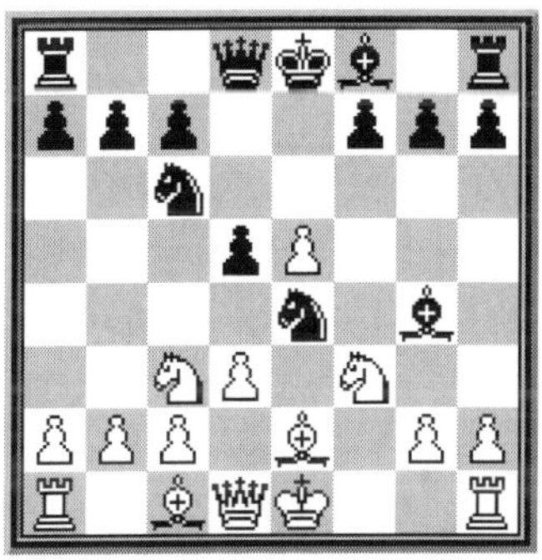

Jogam as pretas

1- ..., Bxf3 2- Bxf3, Dh4+ 3- g3, Cxg3 4- hxg3, Dxg3+ 5- Rd2, Cd4 6- Bxd5, Bb4

Se (5- Rf1 teríamos 5- ..., Bc5 6- d4, Cxd4 7- Bxd5, O-O-O e as pretas possuem vantagem devido às ameaças).

Observe que embora as pretas possuam uma peça a menos no tabuleiro esta não será muito sentida, uma vez que o bispo branco sem se desenvolver e o cavalo cravado pelo bispo inimigo estão bem neutralizados mesmo estando dentro do tabuleiro, veja o diagrama.

(diagrama 43)

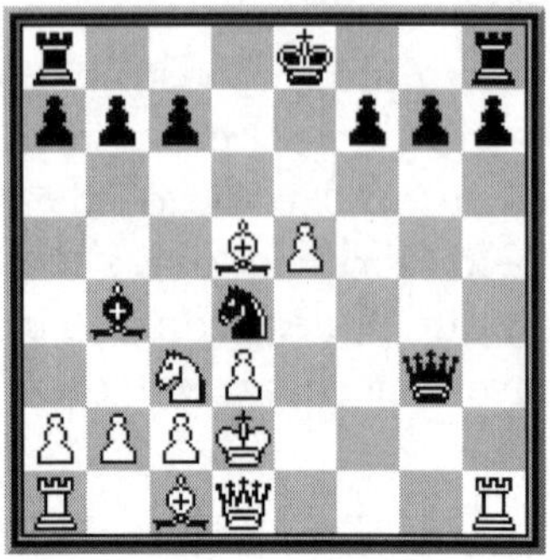

Posição após o lance 6- ..., Bb4

7- Te1, O-O-O 8- Bh1 e após jogarem The8 as pretas possuem grande vantagem ao seu favor, com ameaças por exemplo de Dg5+ ou Df2+ etc.

Uma seqüência ofensiva pode obter três pontos positivos bem claros: logicamente o mate, ganho de material (peças ou qualidade) e a desestruturação da posição adversária.

No exemplo 30 as pretas desprezaram o material e seu ataque veio valorizar bastante a posição e a possibilidade do mate em um rei que ainda se encontrava totalmente vulnerável graças ao sacrifício.

Não diferentemente acompanharemos, agora, um exemplo com um lance de sutil estopim seguido por uma longa variante de ataque ao rei. Procure observar como todos os lances possuem uma ligação íntima à idéia estratégica (rei mau posicionado) e tática (arremate da posição).

Exemplo 31

Euwe x Flohr - 1932

(diagrama 44)

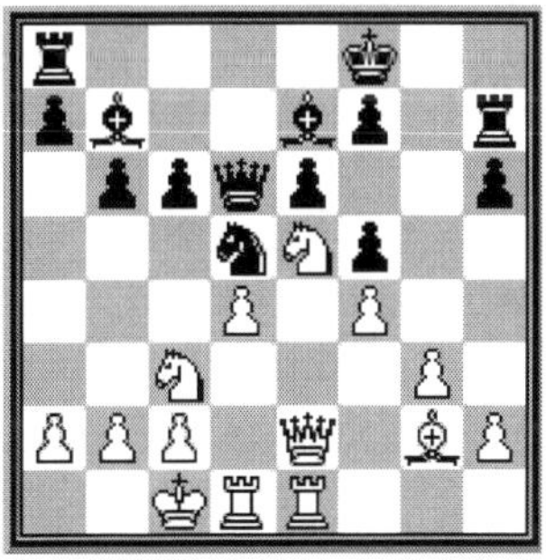

Jogam as brancas e ganham

Observe que o plano branco se centraliza em abrir linhas para explorar a má colocação do rei preto (aspecto estratégico a ser aproveitado) e, desta forma, por meio de uma simples troca as brancas seguem para seu ataque vencedor.

1- Bxd5 uma simples troca, porém uma alavanca inicial para a seqüência a seguir, **cxd5 2- g4, fxg4 3- Dxg4, h5 4- Df3, a6 5- f5, Bg5+ 6- Rb1, Re7**

7- fxe6, fxe6 8- Tg1, Bh6 9- Tdf1 (ameaçando ganho com Df6+)

9- ..., Db4 10- a3! e as pretas abandonam.

Se (9- ..., Rd8 10- Tg8+, Rc7 11- Df7+, Txf7 12- Txf7+ e mate no próximo lance).

As brancas se aproveitaram da má posição do rei e da inoperância das peças pretas.

Podemos verificar certa semelhança neste acontecimento no exemplo 25

Recomendamos ainda que o leitor tente verificar se a posição negra era realmente indefensável ou se a seqüência branca poderia ser evitada.

Sempre devemos lembrar que o cálculo de uma combinação deve ser considerado completo, quando de fato abranger toda a seqüência dos lances (verificando a real existência dos lances forçados) e, assim, nos convencer que na posição final da combinação teremos bons frutos.

No exemplo 32 mostramos um contra-ataque que se originou de uma variante do Gâmbito Danês em que as pretas valorizando o material ignoram o **desenvolvimento** de suas peças, realizando uma investida ofensiva prematura e aceitando o material propositadamente oferecido pelas brancas e por sua vez sofrendo um ataque indefensável.

Exemplo 32

Partida Exemplo

1- e4, e5 2- Cf3, Cc6 3- d4, exd4 4- Bc4, Bb4+ 5- c3, dxc3 6- O-O, cxb2? 7- Bxb2

(diagrama 45)

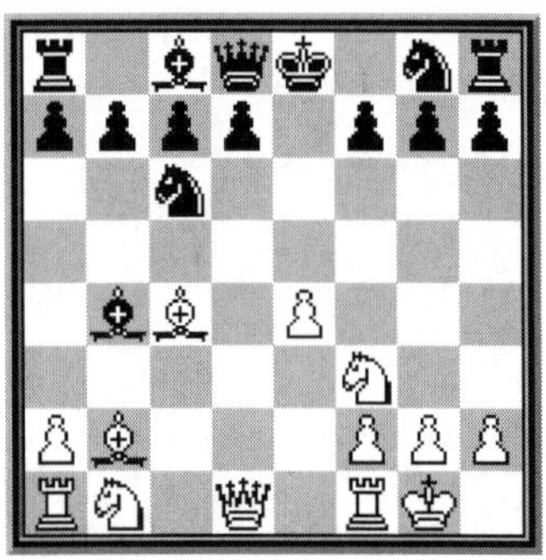

Posição após o lance 7- Bxb2

A diferença no **desenvolvimento** começa a aparecer com uma maior mobilização das peças brancas e tendo seu rei já rocado, justificando o sacrifício em prol da segurança de seu monarca.

7- ..., Cf6 8- Cg5, O-O

As pretas tentam voltar ao ritmo normal de uma abertura, visto que as brancas já alcançaram um bom **desenvolvimento** para articular seu ataque.

9- e5, d5 10- exf6, dxc4 11- Dh5, h6 12- Ce4 e as brancas possuem um ataque vitorioso.

No exemplo 33 veremos como é importante reconhecer e valorizar as peças de acordo com suas respectivas funções dentro de uma posição ofensiva (evitando as trocas desvantajosas de peças). Este reconhecimento faz parte do plano no qual o posicionamento e as características das peças ajudarão as ações táticas do ataque ao rei.

Exemplo 33

Posição esquemática

(diagrama 46)

Posição após o lance 1- ..., Ca5

No diagrama acima as pretas tentam eliminar o bispo das brancas propondo trocas após o lance 1- ..., Ca5 , as brancas reconhecendo o potencial do bispo em um provável ataque sobre a ala rei recusaram estrategicamente as trocas, mantendo a importante peça no jogo e na perigosa diagonal "a2 -

g8". Esta troca poderia até não comprometer a posição para as brancas, mas iria privá-la de um forte apoio no ataque ao rei adversário. Acompanhe agora os lances e as variantes desta partida didática e procure reparar o poder tático do bispo branco apontado para a casa "f7".

2- Ba2 as brancas corretamente recusam as trocas e mantêm o ataque e a cravatura no peão de "f7".

2- ..., De7 3- g5 (3- b4? por causa de 3- ..., Df6!).

3- ..., hxg5 4- Dh5, as brancas vão desenvolvendo seu ataque.

4- ..., Df6 5- Txg5 e após 5- ..., Bf3 6- Cd5!, Bxd5 7- Bxd5 as ameaças das brancas estão renovadas.

Observe a participação ativa do bispo branco ao longo da importante diagonal, o qual está ao mesmo tempo apontado e cravando o peão de "f7" que restringe lances das pretas como g6, por exemplo.

Será um final feliz para as brancas que souberam prever a importância de cada uma de suas peças neste belo ataque. Agora imagine o ataque branco sem o bispo agindo na diagonal, como um tanto das ameaças seriam perdidas. Além disso, observe a passividade do bispo das pretas na posição, peça que foi oferecida em troca do bispo branco. Deve-se ter sempre coerência e objetividade quando trocarmos nossas peças, procurando conservar as peças que mais se encaixam estratégica e taticamente na posição.

Eis algumas condições que nos possibilitam iniciar um ataque ao rei com sucesso:

- Atacar se possuir vantagem espacial na ala que o rei adversário se encontra (ver figura 2, p.55).
- Atacar se sua força material já for maior que a do seu adversário possui no ponto do tabuleiro em que ocorrerá o ataque.

- Maior **desenvolvimento** e atividade das peças (ver Exemplo 13).

... Da posição para a combinação ...

Abrimos um pouco o espaço do estudo para amostras de **combinações** com ganho imediato que vêm nos alertar dos casos em que o desequilíbrio posicional está tão acentuado (análise estratégica), que a ação dentro do tabuleiro é dirigida inteiramente para um arremate decisivo (ação tática). E precisamos estar atentos para esses momentos para que essa oportunidade não escape de nosso poder.

Ao analisarmos o conjunto de lances que comporá determinada seqüência dentro do tabuleiro, devemos atentar se a posição do tabuleiro não exigirá antes um arranjo preparatório, ou seja, um ou mais lances que ajudarão ou tornarão possível o pleno desempenho desta ação. Muitas vezes nos preparamos para uma ameaça específica e deixamos de dar atenção a lances que condicionam uma melhoria posicional para depois então poder concretizar a execução propriamente dita. Um exemplo seria, antes de desencadearmos uma combinação, se necessário, realizar lances com intuito de restringir casas, aumentar a pressão sobre o rei adversário, proteger seu próprio rei contra xeques (ver Quebra de contrajogo), colocar mais uma peça sobre o alvo da combinação etc.

Outro aspecto a ser analisado são os lances que impulsionarão o início da ação citada. Estes lances "estopins" são geralmente aqueles que obrigam o adversário a tomar uma decisão contrária a sua vontade. Nesse instante, ele perde suas próprias ações dentro da partida. Este lance característico, chamado no xadrez de "lance forçado", pode ser uma verdadeira arma dentro da partida.

Acompanharemos, agora, uma partida na qual ocorreu um lance de estopim bem característico: o sacrifício. Procure observar como todos os lances da combinação possuem uma ligação à idéia tática e estratégia da posição em que o rei foi centralizado.

Lembrando que, após o estopim ser acionado, todas as peças a serem jogadas terão necessariamente que encaixar na explosão da combinação, para que esta verdadeiramente tenha sentido de acontecer neste momento. Acompanhe.

Exemplo 34

Panke x Kranenberg- 1941

(diagrama 47)

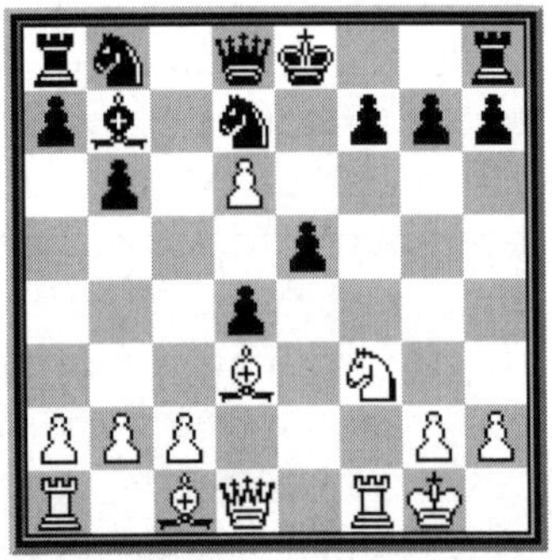

Jogam as brancas e ganham

1- Cxd4 As brancas se aproveitam do tema do rei no centro e partem para obter vantagem decisiva na partida: o estopim foi acionado.

1- ..., exd4 2- De2+, Rf8 3- Txf7+, Rxf7 4- Bc4+, Rf8 5- Bg5, Cf6 6- Tf1, Cd7 7- De6, De8 8- Txf6+, Cxf6 9- Dxf6+, gxf6 10- Bh6++. Todos *lances forçados*: fator primordial a ser analisado no cálculo da combinação.

Uma bela combinação, mas que poderia ser neutralizada caso as brancas tivessem deixado passar o momento e o lance exato para que o arremate existisse, por exemplo, se as pretas conseguissem a oportunidade de rocar antes do sacrifício, a desvantagem negra seria em muito superada.

No próximo exemplo veremos mais uma combinação que surgiu depois da formação do tema tático e também de uma cautelosa preparação no tabuleiro, o estopim só foi acionado após a última peça ter sido devidamente posicionada. Para concluir o que foi citado, gostaríamos que o leitor deleitasse com a dinâmica desta combinação e também tirasse suas conclusões sobre a necessidade constante de reavaliação posicional bem disciplinada, para que pequenas jóias como essa não escapem de nossas mãos. Acompanhe.

Exemplo 35

Carlos Torre x Emanuel Lasker - 1925

(diagrama 48)

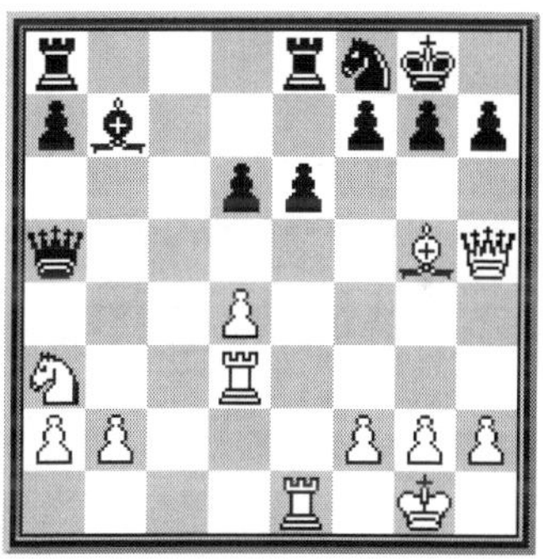

Jogam as brancas

1- b4 As brancas buscam o melhor arranjo para o assalto ao roque preto.

1- ..., Df5 2- Tg3 e o arranjo tático já está se formando.

2- ..., h6 3- Cc4, Dd5 Se (3- ..., hxg5 4- Th3) e brancas terão sensível superioridade.

4- Ce3, Db5 e a dama negra se encontra sem nenhuma defesa direta.

Se 4- ..., Dxd4 5- Bxh6, Cg6 6- Bg5, Dxb4 7- Th3, Dxe1+ 8- Cf1 e as brancas vencerão.

5- Bf6! O estopim. Com as peças em seu devido posto, as brancas partem para a combinação que traz um desfecho surpreendente e acima de tudo muito bem calculado. Veja:

5- ..., Dxh5 6- Txg7+, Rh8 7- Txf7+, Rg8 8- Tg7+, Rh8 9- Txb7+, Rg8 10- Tg7+, Rh8 11- Tg5+, Rh7 12- Txh5, Rg6 13- Th3, Rxf6 14- Txh6+, Rg5 15- Th3, Teb8 16-Tg3+, Rf6 17- Tf3+, Rg6 18- a3, a5 19- bxa5, Txa5 20- Cc4, Td5 21- Tf4, Cd7 22- Txe6+, Rg5 23- g3 e as brancas ganham.

Ao final das trocas, sacrifícios de peças, ameaças de mate, lances forçados etc., temos que conseguir prever uma real vantagem, quer seja ela material ou posicional, antes de colocar em prática uma combinação. Nunca deixando de lado também o que irá sobrar na posição para que o adversário surpreenda.

No exemplo seguinte verificaremos, mais uma vez, a importância da análise profunda da posição que se chegará (posição final) antes de se iniciar uma combinação.

Acompanhe a partir do diagrama abaixo.

Exemplo 36

Stumpers x Euwe - 1946

(diagrama 49)

Jogam as pretas

1- ..., Cd4 As pretas iniciam uma rede de ameaças de mate (aspecto estratégico: ataque ao roque)

2- Ch2, Txe4 (Se 3- Cxf3?, Cxf3).

3- Cc2, Txe1+ 4- Cxe1, Ce2+ e as brancas abandonaram.

Vejamos como seria se as brancas aceitassem o sacrifício:

2-Dxd4, Bh3 3- Ce3, Txe4 4- Dd2 E a partida se encaminhará para um **final** no qual as pretas devem seguir com alguma vantagem, caso contrário a combinação proposta com 1- ..., Cd4 é inválida. Continuando:

4- ..., Txe3 5- fxe3, Dxg3+ 6- Rh1, Bg2 + 7- Dxg2, Dxe1+ 8- Dg1, Dxh4+ 9 Dh2, Dc1 10- Dg1, Dxb4

O final teve certa superioridade para as pretas devido à restrita posição do cavalo e da dama das brancas, sendo esta a variante mais longa, que vem demonstrar que a combinação tinha sentido. Mesmo a ameaça de mate podendo ser defendida, o final foi superior e a peça a mais das brancas será sucumbida pelos peões pretos.

Temos ainda (se 2- Te3 ou 2- De3 todos respondidos com 2- ..., Bh3!).

Toda a confiança deve ser depositada na combinação quando conseguimos extrair da nossa mente a verdadeira seqüência de lances forçados, e tudo mais que poderá valorizá-la e torná-la viável, e, assim, partir para a ação proposta, ciente das prováveis respostas do nosso adversário.

Outra situação a ser observada é quanto às trocas de materiais dentro da combinação, em que materialmente falando pode não haver perdas, mas posicionalmente pode-se ter criado sérios problemas como o enfraquecimento do ataque e a conseqüente inviabilização da combinação, os quais serão sentidos no restante da partida. Detectando tal caso de simplificação excessiva, recuse a combinação, evite as trocas, sem se afastar do seu plano previamente traçado.

Devemos avaliar antes de iniciar a combinação se ela terá potencial de decisão imediata ou se concluirá em uma posição com arremate mais lento em determinado tema de final enxadrístico. Teremos, neste último caso, então, que nos esforçar na visualização mais precisa, se este referido final nos será ou não favorável.

Nossa combinação é dependente de uma análise completa, incluindo desde o lance de estopim até as posições que se conseguirá chegar com as referidas variantes. E que, obviamente, não pode existir uma meia combinação.

Frisando que o acontecido dentro dos temas das combinações mostradas pelos exemplos foram as ações táticas justificadas por um desequilíbrio posicional que possibilitaram dentro das partidas o ganho forçado. Ver Tática e Estratégia.

Veja ainda exemplos 9 e 25.

... Imposição Tática ...

Agora, veremos como a tática pode contribuir diretamente para a imposição estratégica, em que constataremos que estas duas particularidades técnicas do xadrez (tática e estratégia) muitas vezes tratadas separadamente, que se bem entrosadas no decorrer dos lances, aumentam em muito a possibilidade de sucesso do plano. Valendo lembrar que esta observação pode ser feita claramente em algumas partes dos exemplos apresentados neste livro, ver Estratégica e Tática.

Na partida seguinte, o ataque ao rei realizado pelo lendário e ex-campeão mundial Capablanca conseguiu mostrar um pouco disso, no qual as ameaças táticas culminaram em uma posição final vencedora.

Exemplo 37

Capablanca x Yates - 1929

(diagrama 50)

Jogam as brancas

Na posição do diagrama anterior as brancas possuem a casa "d5" para manobrar suas peças, e o cavalo preto bem posicionado no centro pode ser a qualquer momento desalojado.

1- Cd5, b6 2- f4, Cc6 as brancas afastam o cavalo do centro e conseguem eliminar o forte bispo preto da casa "g7".

3- Bxg7, Rxg7 4- Db2+, f6 5- g4 buscando aproveitar a **cravatura** do peão na casa "f6".

5- ..., Cb4 6- g5 não preocupa as brancas a troca dos cavalos na casa "d5" pois neste caso a coluna "c" fica semi-aberta para a ação imediata da torre que já se encontra na casa "c1".

6- ..., Cxd5 7- cxd5, Tc8 as pretas defendem a ameaça de (8- Dxf6+, Dxf6 9- gxf6+, Rxf6) e as brancas poderiam capturar o peão em "c7" levando ao mesmo tempo a torre na privilegiada sétima fileira.

8- e4, c6 as pretas tentam se desfazer de seu peão-alvo, porém a posição negra já está envolvida pelo laço tático das brancas.

9- dxc6, Txc6 10- gxf6+, Rf7 por razões táticas, facilmente podemos verificar porque as pretas não podem capturar o peão em "f6".

11- e5, Txc1 12- Txc1 após todas as tensões táticas, as brancas chegam a uma posição superior.

(diagrama 51)

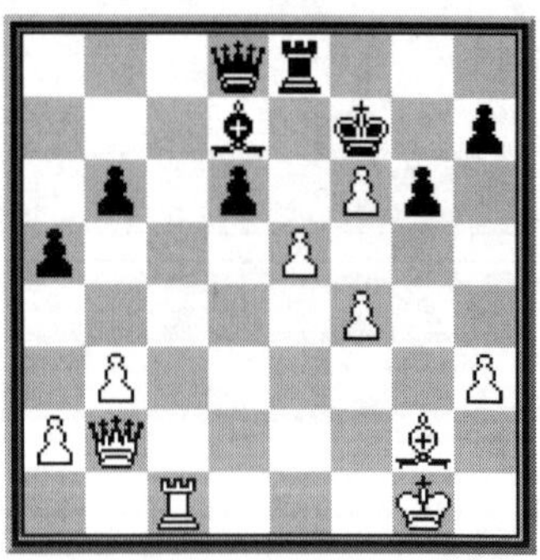

Posição após o lance 12- Txc1

Acompanhe a seqüência dos lances que deram a vitória a Capablanca nesta partida.

12- ..., dxe5 13- fxe5, Db8 14- Dd4, Bf5 15- Bd5+, Rf8 16- Df4, Txe5

As pretas recuperam o peão, porém o privilegiado peão branco em "f6" decide a partida.

17- Dh6+, Re8 18- f7+ e as pretas abandonam.

...CUIDADOS NA EXECUÇÃO DO PLANO...

Com o plano traçado ou já em ação deve-se, conjuntamente, fazer uma análise da real segurança de sua defesa, pois temos constantes casos em que jogadores se atiram cegamente na imposição de um plano no campo adversário e é surpreendido de maneira irreversível na sua defesa. Em outras palavras devemos avaliar ao máximo tudo aquilo que o adversário poderá usar como resposta aos lances de nosso plano.

... Quebrando o contrajogo ...

Na prática pode vir a ser uma tarefa difícil, mas temos que procurar estar sempre ciente da necessidade de detectar as reais possibilidades de jogo para o nosso adversário, fazendo um julgamento severo da posição do tabuleiro para que o nosso plano não venha a ser jogado ao destino da sorte, pois o xadrez com toda a sua lógica e teoria busca a decisão mais racional, e, porque não, segura.

Esta visão alerta e desconfiada vem na verdade nos conduzir a um jogo com menos *euforia*, a qual muitas vezes nos leva a erros inacreditáveis que destroem toda uma vantagem dentro da partida. A condução do plano é composta basicamente por lances que se destinam à preparação e à imposição estratégica propriamente dita e por lances profiláticos que visam defender-se do **contrajogo** adversário. Este tipo de lance tentará aliviar a posição de qualquer possibilidade tática adversária. Cabe lembrar que um plano terá mais possibilidades de sucesso quanto menor for o poder de reação (possibilidade de contrajogo) do oponente.

No próximo exemplo será mostrado um plano estratégico bem definido na ala dama, que foi momentaneamente interrompido para que o jogador pudesse neutralizar um contrajogo adversário na sua ala rei para, depois disso, consolidar seu plano sem mais nenhum risco. Acompanhe.

Exemplo 38

Botvinnik x Kmoch - 1934

(diagrama 52)

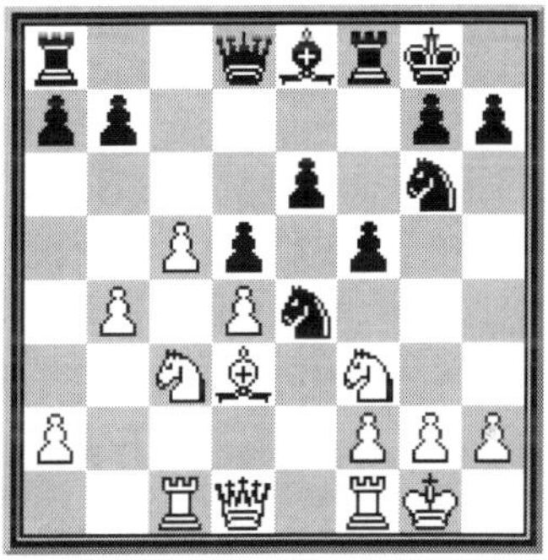

Jogam as brancas

Como é mostrado no diagrama acima o plano branco constitui-se no avanço de sua **maioria de peões** na ala dama. As pretas, por sua vez, tentarão um contra ataque na ala rei. Veremos então que a nítida vantagem posicional das brancas na ala dama só será uma realidade se forem neutralizadas as possibilidades do ataque preto na ala rei.

1- g3 as brancas previnem-se contra a entrada do cavalo preto na casa “f1” ou “h4”.

1- ..., Tc8 2- Te1, Df6 3- a3

3- ..., Ce7 4- Ce5, Dh6 5- f3, Cf2!?

Se (6- Rxf2, Dxh2 e as pretas conseguirão xeque perpétuo após 7- Re3, f4+ 8- gxf4, Dxf4).

6- De2, Ch3+ 7- Rg2, g5 8- Cb5, Bxb5 9- Bxb5, Tf6 10- Bd7, Td8 11- b5, Dh5 12- c6

O grande mestre Botvinnik avaliou o potencial ofensivo preto e se convenceu que poderia seguir, pelo menos por enquanto, o seu plano de avance na ala dama.

12- ..., Th6 Com a ameaça de Cf4+.

13- Rh1 As brancas atentas à ameaça das pretas realizam um lance defensivo sutil, porém decisivo. E as pretas abandonam.

Agora se (13- ..., bxc6 14- bxc6, Cc8 15- c7, Tf8 com a ameaça de Cc6 e Ce7+). A paciência é crucial nestes momentos em que temos dois pontos bem distintos na execução dos lances: o desenvolvimento do plano e a contenção das possibilidades adversárias. Cabe ao jogador ter equilíbrio na execução dos seus lances, dando a devida importância a cada parte do tabuleiro na hora e da forma certa. Podemos aprender e solidificar as idéias sobre prevenção e cuidados posicionais por meio dos estudos e publicações realizadas pelo grande mestre Aaron Nimzowitsch: *Mi sistema e La prática de mi sistema*, que possuem destaques para os lances de **profilaxia** na posição.

... A força de um contrajogo ...

De fato, o jogador que está no ataque tem que estar bem ciente que sua vantagem ofensiva só estará de fato consolidada quando houver tranqüilidade na sua retaguarda.

Com a continuação da contextualização sobre os riscos na execução de um plano poderemos observar no próximo exemplo como uma partida pode ser repleta de reviravoltas. Aquele jogador que possui um ataque com aparente periculosidade acabará não conseguindo converter tal ação em uma vitória justamente por deixar alguma brecha na sua própria defesa, permitindo, assim, o surgimento de um forte contrajogo, o qual pode não ser decisivo, mas enfraquece o ataque já iniciado e pode abalar psicologicamente o jogador que detinha o referido ataque e esta sim pode ser uma variável decisiva dentro da partida de xadrez.

Acompanhe a seqüência dos lances restantes desta partida em que a estratégia e o bom cálculo colocam um relativo valor às peças e revelam verdades escondidas na posição.

Exemplo 39

Morozevich x Kasparov - 2001

(diagrama 53)

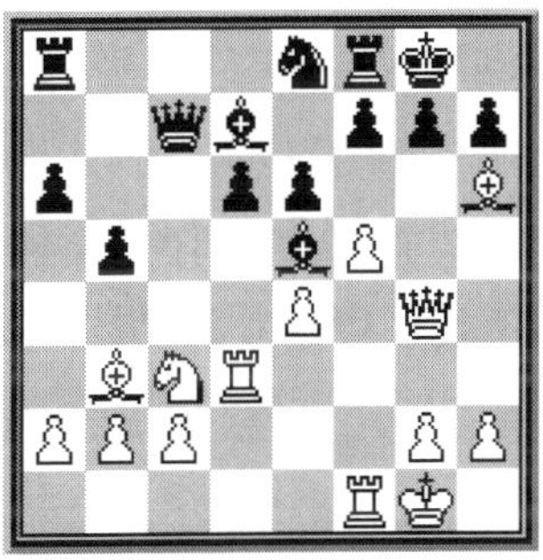

Jogam as pretas

As brancas ameaçam jogar o seu peão em f6. Entretanto, as pretas resistiram mesmo acuadas e conseguiram reagir observando dois pontos estratégicos da posição: o seu poder ofensivo na ala contrária ao ataque adversário e a possibilidade de simplificação da posição (ver exemplo 31), que visam quebrar a iniciativa branca.

1- ..., b4 observe que as pretas não dispunham de muitos lances.

Se (1- ..., d5 2- f6, Bxf6 3- Txf6 ganhando)

Se (1- ..., Rh8? 2- fxe6 ganhando)

Se (1- ..., exf5 2- exf5, Rh8 3- Cd5 e as brancas estão melhor na posição)

2- f6, g6! Uma ação acertada. As pretas perdem a qualidade no entanto restam interessantes alternativas estratégicas para serem levadas em conta na partida como o par de bispos ativos e o início de um contrajogo na ala dama, o qual de forma indireta tentará parar o ataque branco na ala rei.

3- Ce2, a5 Se (3- ..., Cxf6 4- Dh4 e a posição ficaria bem superior para as brancas)

4- Bxf8, Rxf8 5- Dh4, a4 6- Dxh7, Da7+ 7- Rh1, Cxf6 8- Dh6+, Re7

Uma defesa calculada friamente e aos poucos a ameaça branca vai se dissolvendo. O bom jogador também é aquele que possui grande perspicácia na defesa.

9- Bc4, Dc5 10- b3, axb3 11- Bxb3

11- ..., Bb5 recuperando a qualidade.

12- Cf4, Bxf4 13- Dxf4, De5! 14- h3, g5

(diagrama 54)

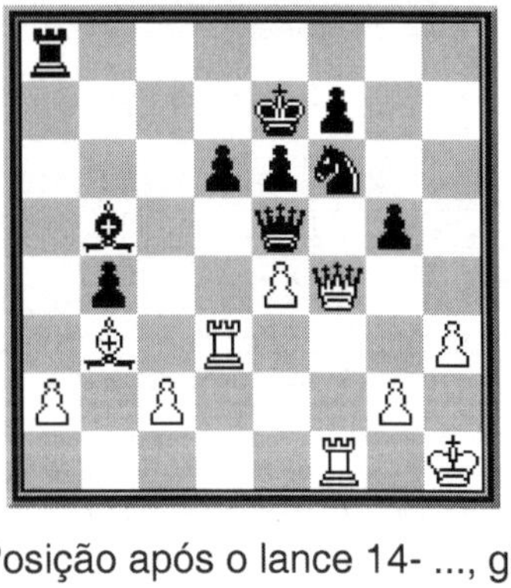

Posição após o lance 14- ..., g5

As pretas conseguem se utilizar muito bem dos pontos estratégicos citados no início e também dos potenciais táticos que o arranjo das peças brancas permitiu neste **contrajogo**.

Teremos também, em caso de uma simplificação maior, um final mais favorável às pretas uma vez que sua estrutura de peões é melhor, o seu cavalo é superior posicionalmente ao bispo branco e o rei preto apresenta-se com maior atividade neste momento da partida.

15- Df2, g4 16- Db6, Cd7 17- Df2, Cf6 18- Db6, Th8 19- Txd6+?, Dxd6 20- Dxd6+, Rxd6 21- Txf6 Melhor seria (19- Dc7+, Cd7 20- Txd6).

21- ..., Th7 22- Rh2, Re5

Rei centralizado: mais uma vantagem das pretas para este final de partida...

23- Tf2, gxh3 24- gxh3, Bc6 25-Bc4, Bxe4 e as pretas, após resistirem brilhantemente às ameaças das brancas, chegam a um final a seu favor e arrematam de forma altamente técnica, acompanhe.

26- Te2, f5 27- Bd3, Rf4 28- Bxe4, fxe4 29- Tf2+, Re3 30- Tf8, e5 31- Te8, Tc7 32- Txe5, Rf4 33-Tb5, Txc2+ 34-Rg1, e3 35- Txb4+, Rf3 36- Tb1, Tg2+ 37- Rh1, e2 38- a4, Rf2 39- a5, Tg5 40- Rh2, Txa5 41- h4, Ta3 e as brancas abandonaram.

Todo ataque deve ser planejado precisamente, porque qualquer necessidade de retrocesso deste pode causar na posição uma vitória posicional para o adversário. Por exemplo, em caso de não se calcular uma possível simplificação, o enfraquecimento ofensivo poderá ser decisivo na partida.

...VITÓRIA DA MELHOR ESTRATÉGIA...

E, finalmente, para encerrar este estudo, mostraremos uma partida em que o **jogo posicional** predominou, e, portanto, em um meio com escassa presença combinativa, as pequenas vantagens posicionais vieram fornecer sustento para o plano vencedor e coroar a melhor estratégia. Esta partida valeu pelo **match** de disputa do título mundial da Federação Internacional de Xadrez (FIDE) realizado no ano de 1984.

Exemplo 40

Karpov x Kasparov - 1984

1- d4, d5 2- c4, e6 3- Cf3, c5 4- cxd5, exd5 5- g3, Cf6 e a partida apresenta uma forte tensão no centro do tabuleiro, no qual as decisões estratégicas começam a ser tomadas dentro da variante desta abertura.

6- Bg2, Be7 7- O-O, O-O 8- Cc3, Cc6 9- Bg5, cxd4 Observe que o avanço do peão preto para a casa "c4" cederia às brancas o controle das importantes casas "c5" e "e5". Assim as pretas optam por seguir na partida com o **peão isolado** (ver exemplo 18), o que fornece para as brancas, devido às características da abertura, um ponto inicial para mirar as suas armas.

10- Cxd4, h6 11- Be3 O que poderia estar contrariando a teoria de **desenvolvimento**, aqui o bispo na casa "e3" atua no reforço na tenção central, sendo importante também deixar desocupada a casa "c1" para a ocupação pela torre.

11- ..., Te8 12- Db3, Ca5

(diagrama 55)

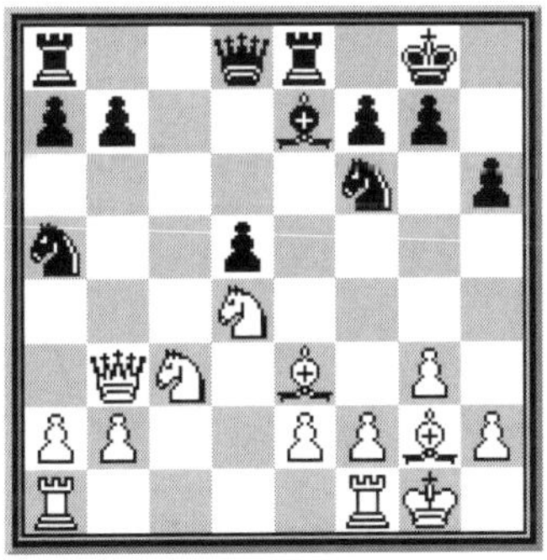

Posição após o lance 12- ..., Ca5

Os intentos estratégicos começam a fluir na partida. As brancas investem sobre o tema do peão isolado em "d5", e as pretas jogam pela luta de controle de território, dominando a casa "c4", brigam pelo controle da casa "e4" e a presença com suas torres nas colunas "e" semi-aberta e "c" aberta.

13- Dc2, Bg4 14- Cf5, Tc8 15- Bd4, Bc5 16- Bxc5, Txc5 17- Ce3, Be6 18- Tad1, Dc8 19- Da4 saindo da **cravatura.**

19- ..., Td8 20- Td3, a6 21- Tfd1 as brancas imobilizam o jogo preto com o ataque sobre o peão de "d5".

(diagrama 56)

Posição após o lance 21- Tfd1

21- ..., Cc4 22- Cxc4, Txc4 23- Da5, Tc5 24- Db6, Td7 25- Td4, Dc7 26- Dxc7, Tdxc7

Terminada esta seqüência de lances percebe-se uma boa acomodação das torres para ambos os lados e que as brancas usam o peão isolado preto como um tema principal e as pretas dispõe da vigilância central realizada por este mesmo peão sobre as casas anteriormente citadas: "c4" e "e4".

27- h3, h5 28- a3, g6 29- e3, Rg7 30- Rh2, Tc4 31- Bf3, b5 32- Rg2, T7c5

(diagrama 57)

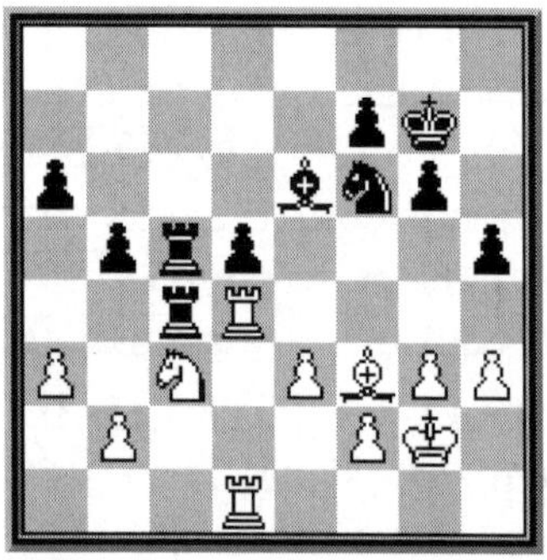

Posição após o lance 32- ..., T7c5

Note que as pretas chegam até a entregar o peão isolado, porém sabiamente as brancas recusam uma vez que trocando as peças leves e sobrando as torres restariam grandes chances de empate, o que as brancas recusam neste momento.

33- Txc4, Txc4 as pretas são obrigadas a manter o peão isolado porque se (33- ..., dxc4 e o jogo preto fica complicado com a disposição da torre branca na coluna "d").

34- Td4

Tomar o peão das pretas continua sendo uma forte tendência de empate e as brancas pacientemente esperam o surgimento de uma chance real de ganho com as trocas das torres, por exemplo, em que os bispos são das casas brancas as quais casas estão fixados todos os peões pretos da ala dama e também o isolado de "d5", além do cavalo branco dispor de uma interessante manobra com Ca2-Cb4, e já o isolamento do peão branco em d4 no caso das trocas das torres termina não fazendo tanta diferença em vista do que foi dito anteriormente.

34- ..., Rf8 35- Be2, Txd4 as pretas forçam uma possível vitória e optam pela troca abrindo mão de uma força que poderia pelo menos lhe garantir o empate: justamente a presença da *torre* no tabuleiro.

36- exd4, Re7 centralizado o rei para o final da partida.

37- Ca2, Bc8 38- Cb4, Rd6 39- f3, Cg8 40- h4, Ch6 41- Rf2, Cf5

O peão branco por sua vez acaba virando um interessante alvo para as pretas. Repare, porém, que o bispo das brancas, pela disposição dos peões, possui dificuldade na sua mobilidade.

Neste vaivém estratégico a partida se mostra simplória em seus planos, mas com uma pureza estratégica que merece nossa atenção.

42- Cc2, f6 43- Bd3 Procurando a troca. O que era um bom bispo acabou-se tornando uma peça descartável estrategicamente, ficando quase sem poder de atuação dentro da partida. Repare que os peões brancos se encontram todos livres do perigo do bispo das pretas já que estão em casas escuras.

43 ..., g5 e as pretas forçam e escolhem o plano de abertura da posição

44- Bxf5, Bxf5 45- Ce3, Bb1 46- b4, gxh4 47- Cg2! Interessante manobra que facilita a penetração do rei branco na posição conseguindo uma vantagem decisiva para o final.

(diagrama 58)

Posição após o lance 47- Cg2!

47- ..., hxg3+ 48- Rxg3, Re6 49- Cf4+, Rf5 50- Cxh5, Re6 51- Cf4+, Rd6 52- Rg4, Bc2 53- Rh5, Bd1 54- Rg6, Re7 55- Cxd5+, Re6 56- Cc7+, Rd7 57- Cxa6, Bxf3 58- Rxf6 e as pretas abandonaram 12 lances mais tarde.

(diagrama 59)

Posição após o lance 58- Rxf6

A forte presença do rei branco foi fundamental no resultado, mostrando o potencial posicional que as brancas obtiveram após as trocas das peças e demais lances complementares no desenrolar dos planos escolhidos, demonstrando qual seria a estratégia vitoriosa.

Este foi um exemplo simples, porém objetivo, como a própria lógica da estratégia...

Resposta da pergunta do exemplo 13:

1- Txe3!, Txe3 2- Txe3, Rxe3 3- Dxf4! E agora se 3- ..., Rxf4, Bh6 mate.

Resposta da pergunta do exemplo 29:

1- Cxe7, Dxe7 e se **2- Dxd6??** temos **2- ..., Tcd8** ganhando.

GLOSSÁRIO

- **abertura** - é o momento inicial da partida de xadrez, onde ocorre o primeiro desenvolvimento das peças no tabuleiro.
- **bispo bom** - é o bispo que apresenta grande mobilidade pelas diagonais, não possuindo peões de mesma cor atrapalhando sua movimentação.
- **bispo mau** - é o bispo que tem sua ação limitada pelos seus próprios peões que estão a sua frente na diagonal.
- **cadeia de peões** - disposição dos peões unidos de uma só cor em uma mesma diagonal (diagrama abaixo).

(figura 3)

cadeia de peões
↓

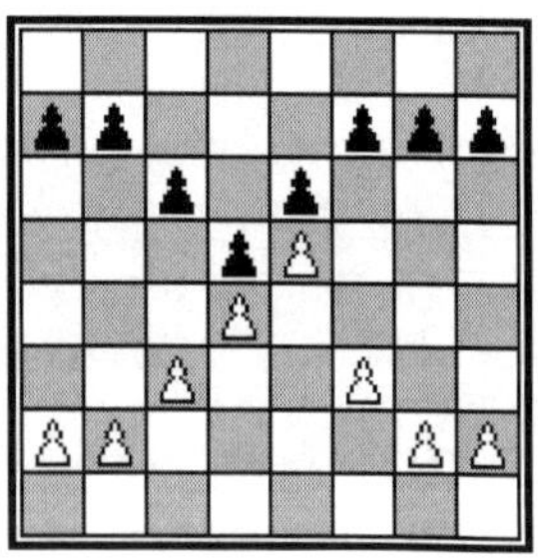

↑
cadeia de peões

- **casa fraca** – uma casa é considerada fraca para um dos lados quando, este lado, tiver dificuldades de defender a sua ocupação por parte do adversário.
- **coluna** – é a disposição vertical das casas do tabuleiro, que são no total de 8 e são diferenciadas pelas letras do alfabeto de *"a até h"*.
- **coluna aberta** – é a coluna que não possui mais nenhum peão em sua extensão, ficando estrategicamente propícia para a atuação das torres nesta abertura vertical.
- **coluna fechada** – é a coluna que ainda possui peões de ambos os lados.
- **coluna semi-aberta** – é a coluna que ainda contém um peão de um dos jogadores ao longo de sua extensão.
- **combinação** – uma série de lances forçados que pode fornecer algum tipo de vantagem ao jogador.
- **contrajogo** – é o contra-ataque no jogo de xadrez que é realizado em cima de alguma brecha deixada pela estratégia adotada pelo adversário.
- **cravatura** – é uma situação tática na qual uma peça se encontra imobilizada por estar defendendo o rei ou uma outra peça.
- **debilidade** – todo e qualquer ponto fraco de uma posição que pode ser aproveitado por um dos jogadores. Ela pode ser exemplificada por uma casa do tabuleiro desguarnecida, um peão difícil de ser defendido, em resumo: um ponto que pode vir a tornar-se tema de um plano de ganho durante a partida de xadrez.
- **desenvolvimento** – refere-se ao movimento de retirada das peças de sua posição inicial, o que acontece de maneira ideal e seqüencial de acordo com o tema da abertura.
- **estratégia** – ver página 12.

- **fianqueto** - é a inserção do bispo das brancas na casa "b2" ou "g2" e ou o bispo das pretas na casa "b7" ou "g7", agindo no controle das grandes diagonais do tabuleiro. O termo é derivado da palavra italiana *fiancato* que significa: jogar pelos flancos.
- **final** - parte do jogo de xadrez que é alcançada quando a partida alcança uma forte simplificação de peças sobre o tabuleiro, e restando neste caso, como plano principal, a promoção do peão.
- **iniciativa** - é dito no jogo de xadrez que o jogador possui iniciativa quando este detém o controle das ações dentro da partida, forçando assim ao adversário se defender.
- **jogo posicional** - é o estilo de jogo que prioriza a estratégia, explorando pequenas vantagens posicionais que vão se acumulando durante a partida e ao mesmo tempo tenta-se restringir ao máximo as possibilidades de jogo do adversário, que realiza seu plano muitas vezes na tentativa de prever as possibilidades do adversário tentando limitá-las.
- **match** - um encontro entre dois jogadores ou duas equipes para que se enfrentem em partidas seguidas.
- **maioria de peões** - quando um dos jogadores possuir superioridade numérica de peões em uma das alas. Esta relação se torna muito importante quando se trata de um final de partida em que o objetivo central se volta para a promoção dos peões.
- **meio-jogo** - parte do jogo de xadrez em que acontece a maior parte do desenrolar de um plano estratégico. O meio jogo é precedido pela ***abertura*** e antecede o ***final*** da partida.
- **peão atrasado** - é o peão que se encontra mais recuado na sua coluna do que os outros respectivos peões da mesma cor que estão ao seu lado. Ele é considerado uma debilidade por se tratar de um peão com dificuldades para ser defendido (diagrama a seguir).

(figura 4)

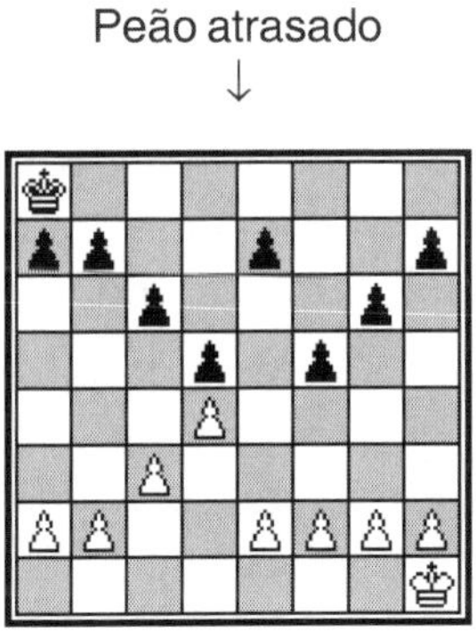

- **peão débil** - é o peão que devido a sua colocação no tabuleiro em determinada partida se torna difícil de ser defendido, sendo um alvo para o adversário.
- **peões dobrados** - quando em uma determinada coluna encontram-se dois peões de uma mesma cor.
- **peão isolado** - um peão que não possui nas colunas laterais adjacentes outros peões da mesma cor, vindo a ser considerado debilidade, uma vez que sua defesa se torna difícil e sendo um alvo visado pelos adversários.

(figura 5)

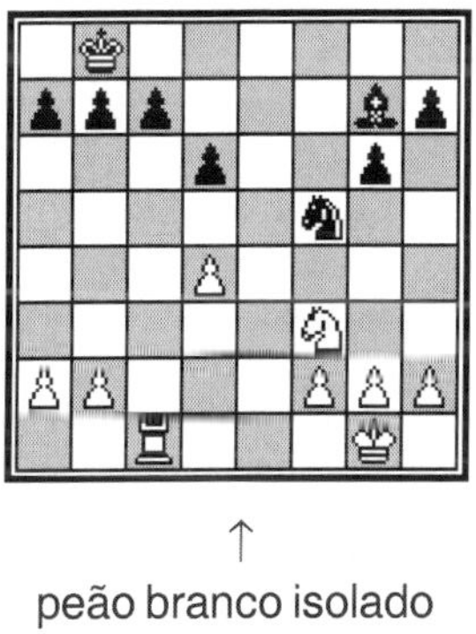

- **peça leve** - denominação das peças intermediárias, cavalo e bispo.
- **peça pesada** - denominação dada às peças torre e dama.
- **profilaxia** - "Uma medida que é tomada com o objetivo de prevenir algo do ponto de vista posicional ou tático" palavra utilizada pelo Grande Mestre Ninzowich.
- **simplificação** - é a redução de peças do tabuleiro feita por meio de trocas, o que torna as possibilidades ofensivas no momento reduzidas e a qual será buscada pelo jogador que tiver em vantagem material ou se encontrar posicionalmente superior e desejar levar a partida para um final vencedor.
- **tática** - ver página 12
- **tempo** - o tempo referido tática e estrategicamente no xadrez é aquele lance a mais que é conquistado por algum lance de iniciativa e que faz o adversário gastar lance na defesa. Um exemplo seria a ameaça de mate ou uma ameaça da dama por uma peça menor etc.

BIBLIOGRAFIA

(Obras consultadas para a elaboração deste livro e também recomendas pelo autor.)

FISCHER, Robert. *Minhas melhores partidas de xadrez*. Rio de Janeiro: Record, 1973.

KAN, Ilia. *Leyes fundamentales del ajedrez*. Barcelona: Martinez Roca, 1988.

NIMZOWITCH, Aaron. *La practica de mi sistema.* Madri: Ricardo Aguilera, 1968.

PACHMAN, Ludek. *Practica del medio juego en el ajedrez.* Barcelona: Martinez Roca, 1976.

SEIRAWAN, Yasser. *Estratégias vitoriosas no xadrez.* Nova York: Macrobooks.

SMYSLOV, Vassily. *Partidas selecionadas*. São Paulo: Ibrasa, 1986.

Impressao e acabamento:

infinity

infinitygrafica.com.br/